Dagmar Höner

Teutoburger Wald

W0198029

50
MIKROABENTEUER
ZUM ENTDECKEN UND GENIESSEN

360° medien

IMPRESSUM

Teutoburger Wald
50 MIKROABENTEUER ZUM ENTDECKEN UND GENIESSEN
Dagmar Höner

© 2024 360° medien
Nachtigallenweg 1 | 40822 Mettmann

Der Inhalt des Werkes wurde sorgfältig recherchiert, ist jedoch teilweise der Subjektivität unterworfen und bleibt ohne Gewähr für Richtigkeit, Vollständigkeit und Aktualität.

Redaktion und Lektorat: 360° medien

Satz und Layout: Elke Gräfe

Gedruckt und gebunden:
Druck- und Verlagshaus Mainz GmbH | Süsterfeldstraße 83 | 52072 Aachen
www.verlag-mainz.de

Bildnachweis: siehe Seite 256

ISBN: 978-3-96855-501-0
Hergestellt in Deutschland

360grad-medien.de

Dagmar Höner

Teutoburger Wald

50
MIKROABENTEUER
ZUM ENTDECKEN UND GENIESSEN

360° medien

Vorwort

Der Teutoburger Wald in Nordrhein-Westfalen hat mehr zu bieten als das Hermannsdenkmal und die Externsteine. Dies sind zwar die bekanntesten Sehenswürdigkeiten, doch die beliebte Urlaubsregion zwischen Norddeutscher Tiefebene und Sauerland hält noch viele weitere Highlights bereit: darunter zwei Naturparks, eine großartige Historie, ungewöhnliche Landschaftsformen sowie ein reiches kulturelles Erbe.

Das „grüne Rückgrat Ostwestfalens" beeindruckt mit mittelalterlichen Kirchen und Klöstern genauso wie mit imposanten Schlössern und Burgen; traditionelle Kurorte und Parks haben hier ebenso ihren Platz wie malerische Fachwerkstädte und große Hofstätten. Im Teutoburger Wald wird hanseatische Vergangenheit lebendig und die Anfänge der Christianisierung; westfälische Schmankerln begeistern neben exquisiter Confiserie.

Doch dieses Buch beschäftigt sich neben den offensichtlichen Attraktionen der Region auch mit den kleinen, versteckten, aber nicht minder lohnenden Zielen. Jene, die erst auf den zweiten Blick ihren Reiz offenbaren, aber dennoch genauso sehens- und erlebenswert sind. Die jeden Urlaubstrip um vielschichtige Facetten bereichern, aber auch für diejenigen, die die Region zu kennen glauben, noch unerwartete Überraschungen bereithalten.

Auch ich staunte, als ich – pandemiebedingt – kleinere und größere Kreise um meinen Wohnort mitten im Teutoburger Wald zog; mir eröffnete sich ein vollkommen neues Universum, von dem ich vorher wenig bis gar nichts geahnt hatte. Weder wähnte ich den nördlichsten Vulkan Deutschlands in meiner Nähe noch

die älteste Pferderasse. Dass es im Teutoburger Wald Lavendel-felder gab war mir ebenso fremd wie die nördlichste Berghütte Deutschlands. Dies alles und noch viel mehr entdeckte ich auf diversen Wanderungen und Pilgerreisen, auf Mini-Städtetrips und kleinen Ausflügen.

Begleiten Sie mich auf dieser Entdeckungsreise durch den Teu-toburger Wald! Ich bin mir sicher, auch Sie werden viele neue Lieblingsorte finden, überraschende und inspirierende Mikro-abenteuer erleben!

Dagmar Höner

Inhaltsverzeichnis

Hinweis:

Aus Gründen der besseren Lesbarkeit wird auf eine geschlechtsneutrale Differenzierung verzichtet. Entsprechende Begriffe gelten im Sinne der Gleichbehandlung grundsätzlich für alle Geschlechter. Die verkürzte Sprachform beinhaltet keine Wertung.

IM TEUTOBURGER WALD

„Das ist doch da, wo die Varusschlacht war" – das ist das erste, was vielen einfällt, wenn sie Teutoburger Wald hören.

Und in der Tat: Die epochale Schlacht, bei der um 9 nach Christus der gewiefte Germane Arminius die römischen Elitelegionen des Feldherrn Varus besiegte und so den Niedergang des Imperium Romanum einläutete, war ein weitreichendes geschichtliches Ereignis. Zudem bescherte dieses dem Teutoburger Wald seinen Namen, verortete doch der römische Geschichtsschreiber Tacitus den Austragungsort der Varusschlacht im „Saltus Teutoburgensis". Zu Beginn des 19. Jahrhunderts vermutete man dieses historische Schlachtfeld am Hauptkamm des Teutos, Osning genannt. Daraufhin wurde in Anlehnung an die Beschreibung des Tacitus der Osning schließlich in Teutoburger Wald umbenannt.

Doch an welchem Ort die Schlacht wirklich stattfand, lässt sich nicht mehr genau nachvollziehen. Behauptungen, dass die Römer im Teutoburger Wald geschlagen wurden, stehen der wahrscheinlicheren Annahme gegenüber, dass Varus im Raum Bramsche-Kalkriese im Osnabrücker Land seine Truppen verlor. Vielerlei römische Fundstücke, die heute im Museum Kalkriese ausgestellt sind, scheinen dies zu belegen.

Aber der Name Teutoburger Wald besteht weiter fort. Der eigentliche Gebirgskamm gilt mit 105 Kilometern als längster Höhenzug Deutschlands und bis auf einen kleinen Abschnitt in Niedersachsen gehört er zu Nordrhein-Westfalen. Er erstreckt sich in südöstlicher Richtung von Hörstel im Tecklenburger Land bis nach

Horn-Bad Meinberg im Lipperland. Hier beginnt das südwärts gerichtete Eggegebirge. Mit gut 446 Metern im äußersten Südosten ist der Barnacken die höchste Erhebung des Teutoburger Waldes; im Eggegebirge sind dies die Lippische Velmerstot mit 441 Metern sowie die Preußische Velmerstot mit 464 Metern.

Fast der gesamte Teutoburger Wald gehört zwei Naturparks an: Zusammen mit dem Wiehengebirge bildet der nördliche Teil des Teutoburger Waldes den Naturpark TERRA.vita. Der südliche Teil ab Bielefeld bildet zusammen mit dem Eggegebirge den Naturpark Teutoburger Wald/Eggegebirge.

Weite Blicke

Diese Naturparke weisen eine große landschaftliche Vielfalt auf. Neben den Höhenzügen des Teutos, des Wiehen- und Eggegebirges wird die Landschaft auch durch bedeutende Flüsse wie Weser, Ems, Hase und Lippe geprägt. Auf markante Felsformationen und Bergkuppen trifft man in der Region gleichermaßen wie auf sanfte Auen- und Hügellandschaften. Eichen- und Buchenwälder haben hier genauso ihren Platz wie idyllische Seen und charakteristische Bachtäler, großflächige Moore und seltene Heidelandschaften.

Mühle Destel

Kulturell fällt die große Dichte an Klöstern, Burgen und Schlössern auf, an Mühlen, historischen Altstädten und großen Gutshöfen. Aber auch die Vielzahl der Heilquellen hinterlassen ihre Spuren – nicht umsonst gilt dieser Landstrich mit seinen vielen Kurorten als der „Heilgarten Deutschlands".

Gemeinsam ist all den Regionen, die die Naturparke des nördlichen und südlichen Teutoburger Waldes umfassen, dass sie überwiegend ländlich geprägt sind. Ackerbau und Viehzucht mit weiten Getreidefeldern, satten Wiesen und Weiden sowie anmutigen Fachwerkgehöften dominieren das Landschaftsbild.

Darüber hinaus stellt sich die Region um den Teutoburger Wald als wirtschaftlich stark dar: Waren es früher Traditionssektoren wie Textil und Bekleidung, Tabakverarbeitung und Möbelherstellung, die Industrie und Handwerk bestimmten, gibt es heute darüber hinaus eine große Branchenvielfalt mit Maschinenbau, Metallindustrie, Ernährungsgewerbe, Elektrotechnik, Computerherstellung, chemischer Industrie, Papier-, Druckerei- und Verlagsgewerbe sowie Kunststoffverarbeitung. Auch der Dienstleistungssektor wächst.

Neben dieser großen Vielfalt an Produktionsstätten, Handwerksbetrieben und Dienstleistern zeichnen sich die Regionen und Kreise, die zu den Naturparks des nördlichen und südlichen Teutoburger Waldes zählen, durch viele Besonderheiten und unverwechselbare Charakteristika aus.

Benennt sich beispielsweise das Tecklenburger Land selbst als die „Toskana des Teutoburger Waldes", so punktet das angrenzende

Osnabrücker Land mit der Friedensstadt Osnabrück sowie einer reichen Erd- und Siedlungsgeschichte. Der Kreis Minden-Lübbecke tut sich mit Mühlen und Störchen hervor, während Lippe die Hauptattraktionen des Teutos wie das Hermannsdenkmal oder die Externsteine auf sich vereint. Der Kreis Gütersloh beeindruckt mit Unternehmen von Weltrang wie Miele, Bertelsmann, Claas und Storck, während im Kreis Herford ein Großteil der deutschen Küchenmöbelindustrie zu Hause ist. Der Kreis Höxter bietet alte Klostertradition satt, dazu prachtvolle Bauten der Weserrenaissance. Im Kreis Paderborn befindet sich neben der Kaiserpfalz auch das weltgrößte Computermuseum sowie bedeutende

Das Heinz Nixdorf Museums-Forum (HNF) in Paderborn

Heide- und Karstflächen. Mitten durch die „Puddingtown" Bielefeld schließlich schlängelt sich der Höhenzug des Teutoburger Waldes vorbei an Industrieriesen wie Dr. Oetker oder den Bodelschwinghschen Anstalten Bethels.

Diese ganze Vielfalt will entdeckt und erkundet werden, und anhand der hier ausgewählten Mikroabenteuer sollte dies auch bestens gelingen. Auf inspirierenden Wanderungen, interessanten Radtouren und lohnenden Ausflügen zu schönen Plätzen werden die vielen Facetten der Region zu eindrücklichen Bildern und Erlebnissen; der Teutoburger Wald bekommt ein unvergleichliches Gesicht mit unvergesslichen Erinnerungen.

In diesem Sinne: Viel Spaß beim Erleben und Entdecken dieser einzigartigen Region!

Top 10

DER SEHENSWÜRDIGKEITEN IM TEUTOBURGER WALD

1

Hermannsdenkmal: Wohl kein anderes deutsches Denkmal ist so bekannt wie dieses: die fast 27 Meter hohe, grün patinierte Kolossalstatue des Cheruskerfürsten Arminius. Der später von Martin Luther in „Hermann" umbenannte, legendäre Sieger der Varusschlacht steht mit emporgerecktem Schwert auf der Grotenburg im Süd-

westen des Teutoburger Waldes. Mit einer Gesamthöhe von gut 53 Metern ist das Hermannsdenkmal die höchste Statue Deutschlands und war bis zur Erbauung der Freiheitsstatue im Jahr 1886 sogar die höchste der westlichen Welt. Obwohl mit seinem Bau bereits 1838 begonnen wurde, konnte das Denkmal aufgrund von Geldknappheit erst 37 Jahre später fertiggestellt werden. Sein Erbauer, der Bildhauer und Architekt Ernst von Bandel, widmete einen Großteil seines Lebens diesem Projekt. Während der Bauarbeiten lebte er sogar zeitweise in einem unterhalb des Denkmals errichteten Blockhaus. *hermannsdenkmal.de*

2

Externsteine: Das deutsche Stonehenge – so bezeichnen manche die markanten, rund 40 Meter aufragenden Sandsteinfelsen, die recht unvermittelt aus dem Tal der Wiem-

becke im Lipperland aufra-
gen. Dabei werfen das Alter
und die Funktion dieser
einzigartigen Felsformation
bis heute Fragen auf. Ob es
sich hierbei um ein heidni-
sches Heiligtum handelte,
kann nicht belegt werden.
Eine mittelalterliche Grot-
tenanlage, ein offenes Fel-
sengrab und vor allem das

monumentale Kreuzabnahmerelief lassen jedoch auf eine sakrale
Bedeutung schließen. Über eine Treppenanlage kann man die einzigartigen Felsen erklimmen und das Terrain erkunden. Oftmals
werden die Externsteine als Kraftort verstanden, weshalb sich in
der Nacht zum 1. Mai, der Walpurgisnacht und Sommersonnen-
wende, diverse esoterische Gruppierungen auf dem Gelände ein-
finden. *externsteine-info.de*

3 Dörenther Klippen:
Diese besondere Sand-
steinformation erstreckt
sich rund vier Kilometer entlang
des oberen Südwesthangs des
Teutoburger Waldes. Die bis zu
20 Meter hohen, frei stehenden
Felsen locken nicht nur wegen
fantastischer Ausblicke ins
Tecklenburger Land; auch klet-
tern kann man hier ganz wunderbar. Bekannte Einzelfelsen
sind der Dreikaiserstuhl und das
Hockende Weib, um das sich
eine tragische Sage rankt.
teutoburgerwald.de

4 **Adlerwarte Berlebeck:** Diese Sehenswürdigkeit mitten im Teutoburger Wald punktet gleich mit zwei Superlativen: Nicht nur ist die Greifvogelwarte die älteste, sondern auch die artenreichste Europas. Bei

atemberaubenden Freiflugvorführungen kann man die mehr als 180 Greifen hautnah erleben und dabei viel Interessantes über die imposanten Vögel lernen. Auf dem Gelände befindet sich auch ein Lehr- und Informationszentrum über die Greife, die Geschichte der Falknerei und die Aufgaben der Adlerwarte im Artenschutz. Daneben kann man viele Vögel in Volieren und auf dem Freigelände anschauen. *detmold-adlerwarte.de*

5 **Schloss Corvey:** Das ehemalige karolingische Kloster in Höxter war im 9. und 10. Jahrhundert ein Zentrum der christlichen Kultur in Nordwesteuropa. Heute ist es nicht

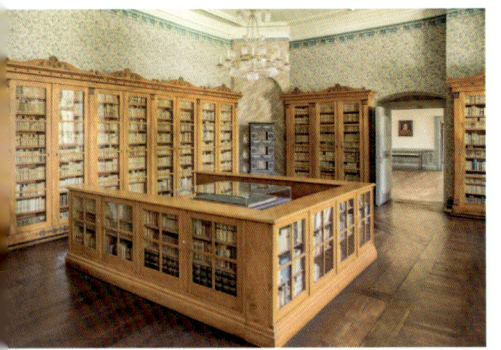

nur wegen seines Westwerks berühmt, das seit 2014 Weltkulturerbe ist und als herausragendes Zeugnis der karolingischen Renaissance gilt: Schloss Corvey verfügt auch über eine der wertvollsten Bibliotheken des Landes. Ihr stand im 19. Jahrhun-

dert Hoffmann von Fallersleben vor, der Dichter der deutschen Nationalhymne. Zu besichtigen sind die reich ausgestattete barocke Abteikirche, der Kaisersaal, die herzöglichen Salons sowie die Fürstliche Bibliothek mit circa 74.000 Bänden. Reizvoll ist auch die Lage der Klosteranlage direkt an der Weser.
corvey.de

 ### Kaiser-Wilhelm-Denkmal Porta Westfalica:

Äußerst markant und weithin sichtbar liegt das mit 88 Metern zweithöchste Denkmal Deutschlands auf dem Wittekindsberg oberhalb des Weserdurchbruchs Porta Westfalica. Die Monumentalfigur von sieben Meter Höhe zeigt einen lorbeerbekränzten Wilhelm I. mit adlergeschmücktem Hermelin-Krönungsmantel, der die rechte Hand segnend zum Gruß erhebt – ein Bild nationaler Stärke, das dem Zeitgeist der Erbauung im ausgehenden 19. Jahrhundert entspricht. Von 2013 bis 2018 wurde das Großdenkmal restauriert und die Denkmalstätte durch ein Restaurant und einen Ausstellungsraum aufgewertet.
kaiser-wilhelm-porta.de

7 **Freilichtmuseum Detmold:** Auf circa 90 Hektar kann man hier anhand von mehr als 120 historischen Gebäuden aus ganz Westfalen auf eine Zeitreise durch 500 Jahre ländlichen Lebens gehen. Die Gehöfte und Handwerksstätten wurden

im Freilichtmuseum originalgetreu wieder aufgebaut und eingerichtet und lassen so die Vielfalt der Region Westfalen entdecken. Darüber hinaus gibt es nach historischem Vorbild angelegte Gärten mit alten Pflanzenarten sowie zum Teil vom Aussterben bedrohte Haustierrassen. Mit der Pferdekutsche oder mit dem Bollerwagen kann man über das Gelände fahren und picknicken, vor Ort gebackenes Brot kaufen oder regionale Spezialitäten in der Gastronomie genießen. *lwl-freilichtmuseum-detmold.de.*

8 **Museum und Park Kalkriese:** Es ist der Ort, der den Teutoburger Wald deutschlandweit berühmt gemacht hat: Hier soll nach neuesten Erkenntnissen um 9 nach Christus der Cheruskerfürst Arminius durch eine wohldurchdachte List die Elitetruppen des römischen Feldherrn Varus vernichtend geschlagen haben. Lange Zeit war umstritten, wo die legendäre Schlacht stattgefunden hat, aber letztendlich scheinen archäologische Funde darauf hinzuweisen, dass es hier im Osnabrücker Land war. Star

der multimedialen Ausstellung des Museums ist neben kleineren Fundstücken eine römische Maske. Auf dem 20 Hektar großen Parkgelände kann man das ehemalige Schlachtfeld selbstständig erkunden und sich eine eigene Vorstellung vom damaligen Geschehen machen. *kalkriese-varusschlacht.de*

9 **Marta Herford:** Ein Museumsgebäude des amerikanischen Star-Architekten Frank O. Gehry in einer ostwestfälischen Kreisstadt – das allein ist schon ungewöhnlich.

Die besondere Architektur mit fließenden und kippenden Wänden und einer wogenden Dachlandschaft aus Edelstahl tut ein Übriges, um Staunen hervorzurufen. Und auch im Inneren des Museumsbaus trägt die ungewöhnliche Gestaltung zu überraschenden Raumerlebnissen bei. Die nicht immer unumstrittenen Ausstellungen zeigen zeitgenössische Kunst mit besonderem Bezug zu Architektur und Design, was auf die Möbelproduktion in der Region verweist. *marta-herford.de*

10 **Friedenssaal Osnabrück:** Hier wurde Geschichte geschrieben, genauer gesagt durch die Beendigung des 30-jährigen Krieges im Jahr 1648 die Grundlage für ein vereintes Europa geschaffen. Der Friedensschluss war das Ergebnis eines jahrelangen Kongresses, bei dem – ein Novum – nahezu alle großen europäischen Mächte vertreten waren. Noch heute zeugen die Porträts von 42 beteiligten Gesandten und Herrschern im erhabenen, holz-

vertäfelten Friedenssaal von dem bahnbrechenden Ereignis. Besucher können selbst Teil der Geschichte werden, indem sie sich ins Goldene Buch eintragen. *osnabrueck.de*

Kurioses und Besonderheiten

AUS DEM TEUTOBURGER WALD

✓ **Zigarre XXL –** Bis Mitte des 19. Jahrhunderts war die Textilindustrie der wichtigste Wirtschaftsfaktor in Ostwestfalen-Lippe. Die mechanischen Webstühle in England führten jedoch zu ihrem Niedergang. Stattdessen entwickelte sich –

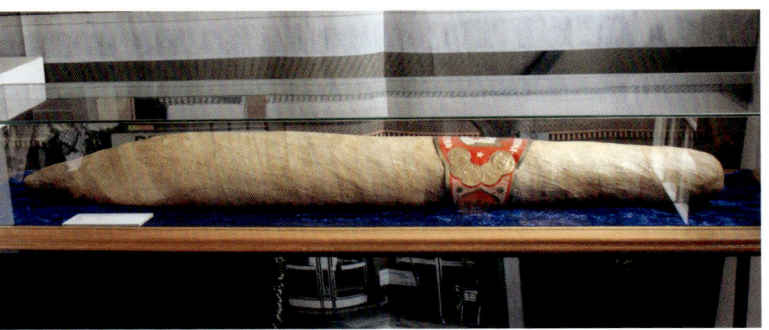

begünstigt durch die Anbindung an die neuen Eisenbahnen – die Tabakindustrie zum führenden Wirtschaftszweig. Insbesondere das Ravensberger Land wurde zum Zentrum der europäischen Tabakindustrie. Noch heute zeugt das Deutsche Tabak- und Zigarrenmuseum in Bünde von dieser Ära. Hier wird auch die ehemals größte Zigarre der Welt ausgestellt, die 1,60 Meter lang ist und eine Brenndauer von 600 Stunden hat.

✓ **Bielefeld – das gibt's doch gar nicht! –** Jeder, der sich Fremden gegenüber als Bielefelder outet, hat diese Bemerkung schon einmal gehört. Ursprünglich war sie – zumindest nach Angaben des Informatikers Achim Held – nur ein Spruch, eine spontane Äußerung auf einer Party. Doch diese wurde aus einer Schnapslaune heraus weitergesponnen und zum Auslöser für eine wilde Verschwörungstheorie, der mittlerweile legendären Bielefeldverschwörung. Beflügelt wurden die Verschwörungstheoretiker von der Tatsache, dass just zu dem Zeitpunkt des Aufkommens der Theorie alle Autobahnabfahrten nach Bielefeld wegen Bauarbeiten kurzfristig gesperrt waren. Im Mai 1994 veröffentliche Held die „Bielefeldverschwörung" in einem Usenet und die Theorie zog weite Kreise. Der Informatiker wollte durch die Aktion ursprünglich nur Verschwörungstheorien per se ad absurdem führen. Doch stattdessen trat er damit eine Lawine los: Im Jahr 2010 erschien der Film „Die Bielefeld-Verschwörung", in dem Held auch selbst mitspielte, ein Jahr später folgte: „Bielefeld – stirb stilvoll". Auch die Krimiserie „Wilsberg" griff die Bielefeldverschwörung in einigen Folgen auf. 2019 schrieb die Stadt einen Wettbewerb aus: Wer Beweise für die Nicht-Existenz liefere, bekäme ein Preisgeld von einer Million Euro. Da kein Beweis wirklich schlüssig war, beendete die Stadt offiziell die „Bielefeld-Verschwörung".

Pumpernickel – Es gibt diverse kulinarische Spezialitäten, die charakteristisch für Westfalen und auch in der Region Teutoburger Wald sehr verbreitet sind. Dazu zählt der Pumpernickel, ein Vollkornbrot aus Roggenschrot, das in einem besonderen Verfahren mindestens 16 Stunden lang gebacken und gegart wird. Das dunkle und saftige Brot hat eine besondere Konsistenz, ist sehr kompakt, feucht und etwas brüchig. Außerdem ist es außerordentlich lange haltbar: ein-

geschweißt mehrere Monate, in Dosen bis zu zwei Jahren. Kreiert wurde das Brot von der Bäckerei Haverland in Soest, der vermutlich ältesten heute noch existierenden Bäckerei für Pumpernickel. Hintergrund für die Erfindung war die Tatsache, dass Soest fast vollständig von fremdem Gebiet umgeben war und im Mittelalter manchmal oft lange belagert wurde. Damals soll Pumpernickel den Bürgern als Notration gedient haben.

Die Himmlischen – Ein süßes Vergnügen der Extraklasse produziert die Firma Leysieffer mit ihren leckeren Schokoladen- und Konditorwaren. Traditionell werden diese in Osnabrück hergestellt, wo man Kuchen und Pralinen auch im hauseigenen Café verkosten kann. Doch durch die Eröffnung einer Leysieffer-Filiale in der Friedrichstraße auf Sylt wurden die niedersächsischen Manufakturerzeugnisse in der ganzen Republik bekannt. Kult-Klassiker der Firma Leysieffer ist seit vielen Jahren „Die Himmlische"; der Schokoladen-Trüffel fungiert mittlerweile auch als Botschafter für Osnabrück.

Widukind – Er wird als Lokalheld gehandelt – der legendäre Sachsenherzog, der sich im 8. Jahrhundert vehement gegen die Missionierung seines Volkes wehrte. An die zehn Jahre lang leistete er den Christianisierungsbemühungen seines Widersachers Karl dem Großen erbitterten Widerstand. Letztendlich musste er sich jedoch ob der Überlegenheit des fränkischen Heeres geschlagen geben und ließ sich möglicherweise im Jahr 785 in der Königspfalz in Attigny taufen. Da es kaum schriftliche Quellen gibt, lassen sich jedoch nur wenige konkrete Aussagen über das Leben und Sterben des Sachsenführers machen. Ein reicher Sagen- und Legendenschatz rankt sich um den Mythos Widukind. Angeblich sollen seine Gebeine in der Stiftskirche in Enger ruhen.

SCHWEDEN

DÄNEMARK

Ostsee

Nordsee

Kiel

SCHLESWIG-
HOLSTEIN

MECKLENBURG-
VORPOMMERN

HAMBURG   Schwerin

BREMEN

BRANDENBURG   POLEN

NIEDERSACHSEN

Hannover

BERLIN

Magdeburg   Potsdam

NORDRHEIN-
WESTFALEN

SACHSEN-
ANHALT

Düsseldorf

SACHSEN   Dresden

Erfurt

THÜRINGEN

HESSEN

RHEINLAND-
PFALZ   Wiesbaden

Mainz

TSCHECHIEN

SAARLAND

FRANKREICH

Stuttgart

BAYERN

BADEN-
WÜRTTEMBERG   München

SCHWEIZ   ÖSTERREICH

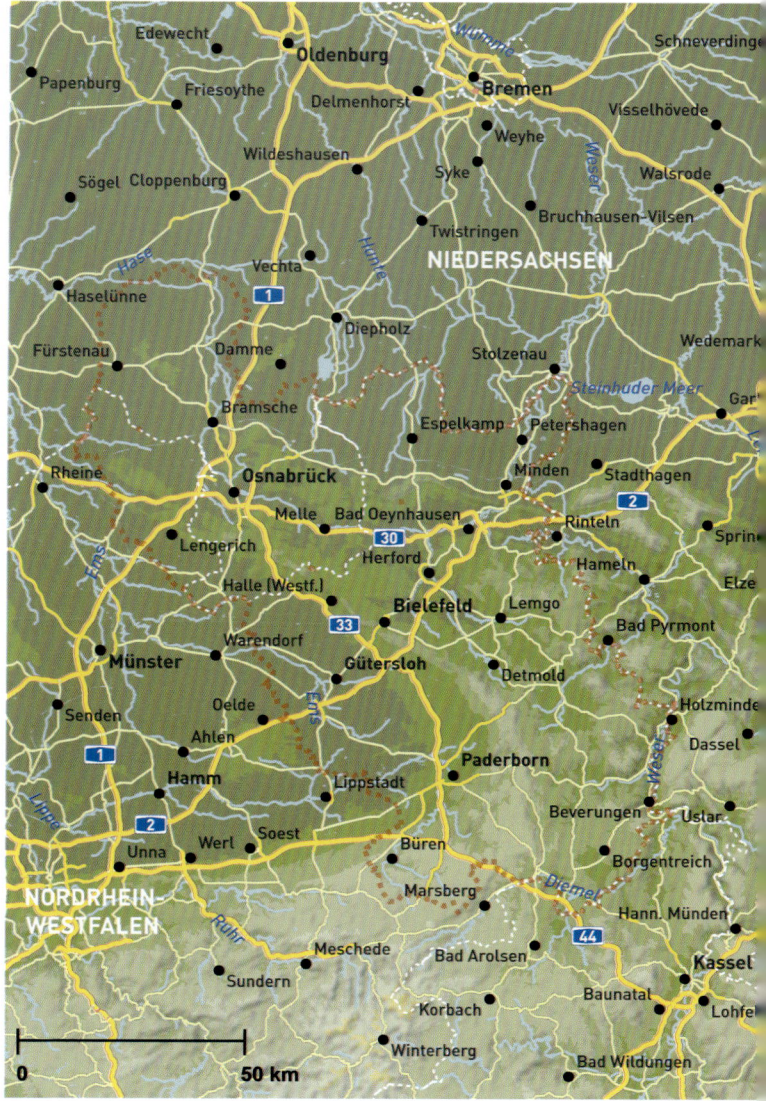

Tecklenburger Land und Osnabrücker Land

Fertig zum Start – die Alpakas warten, dass es los geht

Tecklenburger Land und Osnabrücker Land

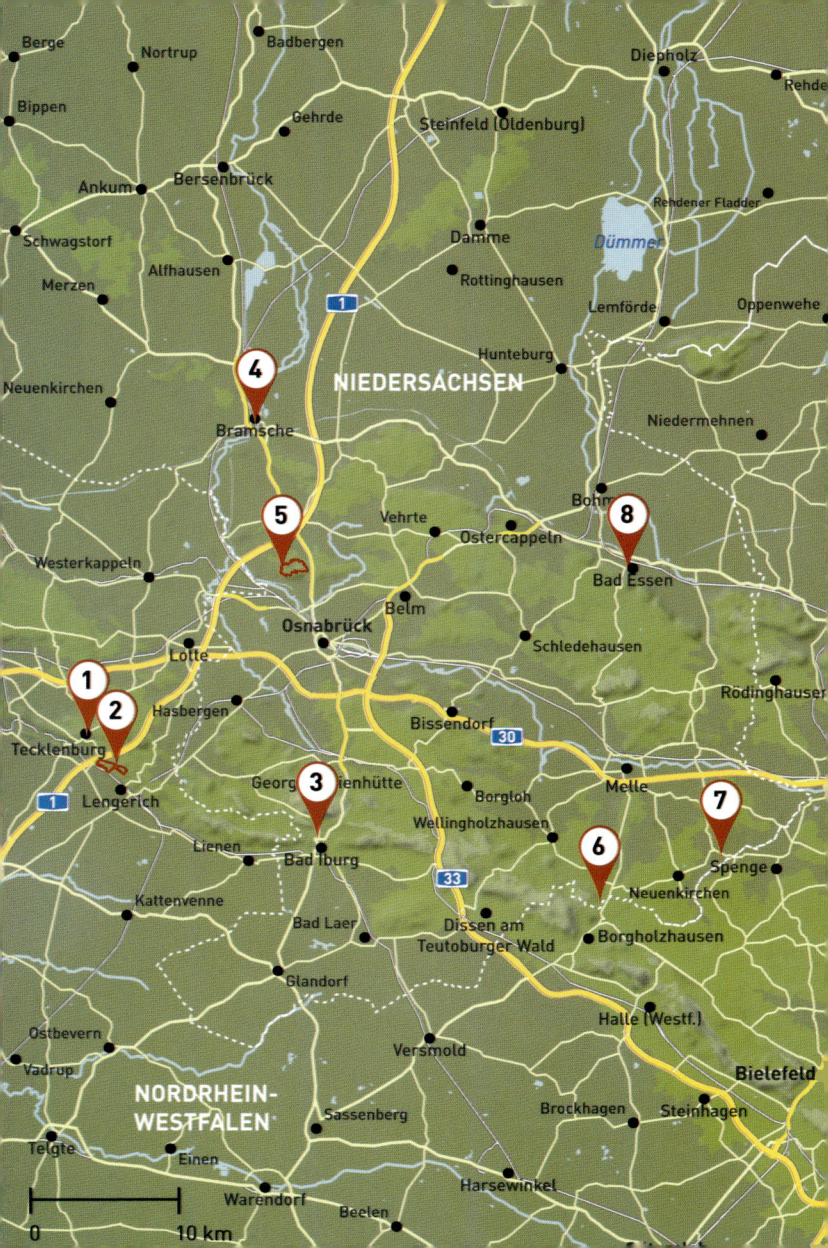

1 Tecklenburg

DIE BERGSTADT RUFT

Die nördlichste „Bergstadt" Deutschlands am Nordhang des Teutoburger Waldes hat einen schönen Kurpark zu bieten sowie eine malerische historische Innenstadt. Spaß macht es nicht nur, durch den Ort zu schlendern, sondern seine unterschiedlichen Facetten auf Themenwanderwegen kennenzulernen.

Vielen ist Tecklenburg ein Begriff, da die Ruine der Burg mit den Freilichtspielen Tecklenburg das größte Freilichtmusiktheater Deutschlands beherbergt. Seit dem Jahr 1924 werden hier neben Theaterstücken auch Opern, Operetten und Musicals aufgeführt.

Doch die Kleinstadt mit dem ganz besonderen Feeling bietet neben dem Attribut der „Festspielstadt" noch viele weitere Facetten. Der oben erwähnte Stadtkern ist denkmalgeschützt, in ihm befinden sich viele Fachwerkhäuser mit schönen Fassaden, die dem Bergstädtchen ein romantisches Flair verleihen.

Schöne Fachwerkkulisse

Von dort ist es nur einen Katzensprung bis zur Ruine der Burg Tecklenburg. Diese kann man auf einem herrlichen Spazierweg umrunden und dabei weite Blicke in die Umgebung und auf die Stadt genießen.

Das Burggelände lädt ein zum Flanieren

31

Dieser Blick wird noch einmal getoppt vom Wierturm aus, der eine fulminante Fernsicht ins Münsterland bietet.

Sehenswert ist auch der Kurpark in Tallage mit Kneipp-Anlage, Heilkräutergarten und Streuobstwiese. Bereits Otto Modersohn malte vom Kurpark aus im Jahr 1894 die Landschaft mit der Stadtkirche im Hintergrund. Er hielt sich häufiger in der Stadt auf, um seinen Bruder zu besuchen, der in Tecklenburg Amtsrichter war. Modersohn ist auch ein Museum in der Innenstadt gewidmet.

Buntes Treiben in der Innenstadt

Möchte man das Flair des kleinen Bergstädtchens nicht nur genießen, während man gemütlich durch die Innenstadt schlendert, so kann man sich auch auf einen der zahlreichen Themenspaziergänge und -wanderwege begeben und so Tecklenburg in seiner ganzen Vielfalt erleben. Auf den Teutoschleifchen auf Modersohns Spuren lassen sich die Motive und die besonderen Perspektiven seiner Bilder entdecken, die er hier malte und die zum Teil im hiesigen Museum ausgestellt sind. Auf dem Stadtwanderweg entdeckt man nicht nur die Hexenküche, sondern auch das Gut Hülshoff, das Kulturdenkmal Alte Sägemühle sowie das Wasserschloss

Haus Marck und die Innenstadt Tecklenburgs. Auf dem Tecklenburger Bergpfad begegnet man einer Waldkapelle, dem Blücherfelsen, streift den Stadtteil Brochterbeck mit Mühlenteich sowie einen Kalksteinbruch. Der Hexenpfad schließlich ist gut für Familien geeignet, bietet er doch abwechslungsreiche Pfade durch den Wald, Kletterfelsen und eine Höhle sowie obendrein noch schöne Aussichten.

Romantisches Flair an jeder Ecke

Lage: Tecklenburg liegt etwa 20 Kilometer südwestlich von Osnabrück.

Info

Aktivitäten:
- Otto Modersohn Museum Tecklenburg: Markt 9, 49545 Tecklenburg, *ommt.de*
- Puppenmuseum Tecklenburg: Wellenberg 1, 49545 Tecklenburg, *puppenmuseumtecklenburg.ev.ms*
- Freilichtspiele Tecklenburg e. V.: Schlossstraße 7, 49545 Tecklenburg, *freilichtspiele-tecklenburg.de*

Wanderwege:
- Teutoschleifchen Modersohns Spuren: *teutoschleifen.de/erleben/teutoschleifchen*
- Teutostadtschleife Tecklenburger Romantik: *teutoschleifen.de/erleben/teutoschleifen*
- Tecklenburger Bergpfad: *teutoschleifen.de/erleben/ teutoschleifen/tecklenburger-bergpfad*
- Hexenpfad: *tecklenburger-land-tourismus.de/tour/ hexenpfad*

Website: *tecklenburg.de/tourismus-kultur*

2 Geocaching Lengericher Canyon

SPANNUNG FÜR ALLE

Beim Geocaching rund um den Lengericher Canyon kommt die ganze Familie auf ihre Kosten: die Kinder, weil die moderne Form der Schnitzeljagd aus einer schnöden Wanderung eine spannende Schatzsuche macht, und die Eltern, weil die rund fünf Kilometer lange Canyon Tour begeistert mit herrlichen Aussichten sowie schönen Rast- und Einkehrmöglichkeiten.

Die Schatzsuche im Tecklenburger Land ist eine Kombination aus klassischer Schnitzeljagd und modernem Geocaching. Neugierige Sucher entdecken verborgene Schätze, die sogenannten „Caches", die sich in kleinen Boxen befinden. Dabei hat man die Wahl, ob man für die Schatzsuche technische Hilfsmittel einsetzt oder nicht. Die Koordinaten und Beschreibungen der Caches sind zwar in einem Geocaching-Portal „geloggt", wie man in der Geocaching-Szene sagt, aber die Suche der Caches rund um den Canyon funktioniert auch ohne aufwendige Technik. Schön gestaltete Karten führen durch eine Rundtour und geben nicht nur die Lage der Caches an, sondern sie enthalten auch Hinweise, um die Verstecke aufzuspüren. In den Verstecken wiederum erhält man Zahlen und Buchstaben, aus denen sich ein Lösungswort ergibt. Mit diesem können sich die Finder dann in der örtlichen Touristeninformation einen echten Schatz abholen.

Los geht das Geocaching an der Friedhofskapelle am Hortensia Garden Lengerich. Von dort führt ein Waldpfad zum Plateau des Kleebergs. Hier gilt es, den ersten Cache zu entdecken. Durch Laubmischwald und offene Wiesen gelangt man dann weiter zur Aussicht Ziegenhütte, wo man einen ersten Blick in den Canyon

Wunderschöne Höhenwege gehören dazu

35

Alpenfeeling – auch Steinböcke sind hier zu Hause

erhaschen kann. Dieser ist Höhepunkt der Tour, wird aber zu einem späteren Zeitpunkt noch einmal zu einem expliziten Programmpunkt.

Der Weg zieht sich an der steil abfallenden Hangkante am Kleeberg entlang mit tollem Blick zum Canyon und nach Lengerich. Hier am Kleeberg versteckt sich auch Cache 2. Über Waldwege geht es bald darauf bergab, dann durch Wiesen und Felder; am Horizont tauchen hoch aufragende Kalkwände auf. Über eine weitere Passage durch den Wald gelangt man zu Cache 3. Wenig später erreicht man den Ortsrand von Lengerich, wo Cache 4 wartet.

Exemplarische Erdzeitgeschichte

Nun endlich erreicht man den Höhepunkt der Tour, den Aussichtspunkt Canyon Blick. Der „Canyon" ist aus einem ehemaligen Kalksandsteinbruch entstanden, der ausgewaschen wurde. In Folge ragen an zwei Seiten graue Steilwände empor, zwischen denen türkisblaues Wasser schimmert. Diese „Blaue

Lagune" ist nicht nur ein ungewöhnlicher Anblick, sondern hier haben auch seltene Tier- und Pflanzenarten ihr Zuhause. Die Steilwände geben darüber hinaus einen eindrucksvollen Einblick in die Erdgeschichte. Wer mag, rastet auf einer nahe gelegenen Bank mit Blick auf Wald und Wiese.

Zum letzten Cache 5 führt die Route noch einmal kurz durch den Wald, dann erreicht man nach zwei kurzen Schlenkern wieder den Ausgangspunkt am Hortensia Garden. Auch dieser lohnt einen Besuch, besonders im Hochsommer zur Hortensienblüte. Gleichzeitig ist er Teil eines Skulpturenparks, der im Rahmen der Skulptur-Biennale Münsterland im Jahr 2001 entstanden ist.

Lage: Lengerich liegt etwa 15 Kilometer südwestlich von Osnabrück.

Adresse: Wanderparkplatz am Hortensia Garden, Am Kleeberg 10, 49525 Lengerich, etwa 100 Meter unterhalb der alten Friedhofskapelle

Aktivitäten:
- Lengericher Skulpturenpark: Parkallee 10, 49525 Lengerich, *tecklenburger-land-tourismus.de/poi/alva-skulpturenpark*
- Hortensia Garden im Skulpturenpark Lengerich: Am Kleeberg 3, 49525 Lengerich, *teutoburgerwald.de/region/ausflugsziele/mein-ziel/ hortensia-garden-im-skulpturenpark-lengerich*

Zur Abholung des Schatzes und zur Information über weitere Sehenswürdigkeiten und Aktivitäten in Lengerich bietet sich ein Besuch der Touristeninformation an: Tourist-Information Lengerich, Rathausplatz 1, 49525 Lengerich, *lengerich.de/freizeit-tourismus/tourist-information*

Website: *teutoschleifen.de/tour/teutoschleifchen-canyon-tour*

KRONENERLEBNIS UND MEHR

Seit der Landesgartenschau im Jahr 2018 hat Bad Iburg am Südhang des Teutoburger Waldes eine neue Attraktion: einen Baumwipfelpfad, der sich auf 600 Meter Lauflänge durch ein Wäldchen zieht. Das Besondere an dem Pfad ist nicht allein das Wipfelerlebnis, sondern vor allem seine schöne Lage am Rande des zauberhaften Waldkurparks und vis-à-vis eines schönen Schlosses.

Schon von Ferne kann man ihn erkennen, den charakteristischen Einstiegsturm zum Baumwipfelpfad, eine runde Stahlkonstruktion mit sich kreuzenden Stämmen an der Außenseite. Auch gut sichtbar sind die drei Aussichtsplattformen – von der obersten gelangt man auf den Baumwipfelpfad.

Doch gestartet wird erst mal ganz unten. Vom Kurpark aus erfolgt der Zugang über einen Ausstellungspavillon, der informative Einblicke in den Geopark TERRA.vita sowie die Erdgeschichte des Teutoburger Waldes gibt.

Dann geht es hoch – entweder mit dem Aufzug oder insgesamt 128 Stufen zur obersten Plattform. Von hier aus hat man einen fantastischen Blick auf den Kurpark, das gegenüberliegende Schloss sowie ins Umland. Und von hier aus verläuft auch der Baumwipfelpfad im Zickzack an 630 Bäumen entlang. In einer Höhe von zehn bis 28 Metern über dem Waldboden kann man auf dem Pfad ganz besondere Einblicke in die Tier- und Pflanzenwelt des Waldkurparks gewinnen. Dieser zeichnet sich durch einen hohen Anteil an Laubbäumen mit beeindruckenden Dimensionen und interessanten Formen aus. Einige der stattlichen Bäume am

In luftiger Höhe

Mit den Baumkronen per du

Waldwipfelweg sind bis zu 250 Jahre alt und haben mehr als einen Meter Stammdurchmesser. Bizarre Kronenformen und imponierende Baumindividuen fesseln immer wieder den Blick des Betrachters.

Aber die Bäume sind nicht das einzige Highlight auf dieser Tour, denn der Baumwipfelpfad begreift sich zudem als digitaler Erlebnispark. Eine Wald- und Wipfeltour-App ermöglicht virtuelle Begegnungen mit Waldtieren, mit Pflanzen, Pilzen und Insekten sowie Geschicklichkeits- Wissens- und Bewegungsspiele. Man kann Punkte sammeln und sich einen Platz in der Bestenliste erspielen.

Doch auch wer lieber analog unterwegs ist, kommt auf dem Baumwipfelpfad auf seine Kosten: Über 30 interaktive Erlebnis- und Lernstationen vermitteln spannendes Wissen über Flora und Fauna, Geologie und Erdgeschichte. Immer wieder laden Bänke dazu ein, innezuhalten und entspannt den Wipfelblick zu genießen. Fernrohre fordern dazu auf, bestimmte Besonderheiten in den Fokus zu nehmen.

Zu Füßen des Baumwipfelpfads – ein schöner Park

Hat man den Baumwipfelpfad erkundet, wartet der Kurpark mit Fontänenfeld, Wassertretstelle und Aktionsfeldern auf bewegungshungrige Besucher: Hier kann geklettert, Trampolin gehüpft, Boule gespielt und gematscht werden. Ein weiteres Highlight ist der Charlottensee am Ende des Kurparks, wo man Boote leihen und einkehren kann. Plant man noch einen Besuch beim Schloss, das gegenüber dem Kurpark liegt, passiert man den Knotengarten – eine Hommage an italienische Gärten in der Renaissance.

Schloss Iburg – ein Kleinod

Lage: Bad Iburg liegt knapp 16 Kilometer südlich von Osnabrück.

Adresse: Baumwipfelpfad, Philipp-Sigismund-Allee 4, 49186 Bad Iburg

Aktivitäten:
- Besuch des Schlosses Iburg mit Museum und Rittersaal: Schlossstraße 30, 49186 Bad Iburg, *badiburg-tourismus.de/schloss-historisches/#schloss*
- Historischer Rundgang durch Bad Iburg: *badiburg-tourismus.de/schloss-historisches/#fuehrungen*
- Wanderung zum Malepartus, Deutschlands nördlichster Berghütte: *osnabruecker-land.de/tour/terratrack-malepartus*

Einkehr:
- Die Försterei: auf dem Gelände des Kurparks, Philipp-Sigismund-Allee 2, 49186 Bad Iburg, *foersterei-am-baumwipfelpfad.de*

Website: *baumwipfelpfad-badiburg.de*

4 Tuchmacher Museum Bramsche

EIN GANZ BESONDERES ROT

Ein Museum mit „Wollfühlfaktor" – so wird die alte Produktionsstätte der Tuchmacher gerne umschrieben, und das nicht ohne Grund. In den historischen Gebäuden kann man auch heute noch die Verarbeitung der Wolle von der Flocke bis zur fertig gewebten Decke hautnah mitverfolgen und dabei im wahrsten Sinne des Wortes auf Tuchfühlung gehen.

Bramscher Rot – das ist es, was einem sofort ins Auge springt, wenn man das Tuchmacher Museum in Bramsche betritt. Rote Wollflocken liegen am Boden und in Körben. Kardiermaschinen kämmen die roten Fasern zunächst zu einem Vlies und zerteilen es anschließend in viele Streifen zu einem lockeren Vorgarn. Auf dem Selfaktor werden die Vor-garnrollen dann zu einem festen roten Garn gespon-nen und schließlich auf dem Webstuhl zu roten Tuchen verwebt.

Tuch in Bramscher Rot

Bereits im 18. Jahrhundert wurde dieser besondere, leuchtende Rotton von einem Bramscher Schönfärber hergestellt. Im 19. Jahr-hundert lieferten die Bramscher Tuchmacher das rote Tuch für die Uniformen der Hannoveraner Armee an die Regierung – ein lukra-tives Geschäft. Heute ist das „Bramscher Rot" ein Markenzeichen für die Stadt Bramsche und das Tuchmacher Museum.

Eine logische Konsequenz, fußt doch die wirtschaftliche Ent-wicklung der Stadt auf dem Tuchmacherhandwerk: Ende des 16. Jahrhunderts gründete sich die Bramscher Tuchmachergilde und betrieb gemeinschaft-lich eine Mühle zum Walken der Tuche am Fluss Hase. Über 400 Jahre lang wurde hier gesponnen, gewebt, gefärbt und gewalkt. Die Gebäude wurden immer wieder erweitert und industrielle Maschinen beschafft. Doch Anfang der 1970er-Jahre mussten die

Auch die Jaquardweberei gehört zum Repertoire

Tuchmacher den Betrieb aufgaben, da er sich nicht mehr lohnte. In den 1990er-Jahren wurde in den historischen Gebäuden das Tuchmacher Museum eingerichtet und die alten Maschinen aus dem 19. und frühen 20. Jahrhundert wieder beschafft. Mit ihnen wird auch heute noch gelockert und gemischt, kardiert und gesponnen, gezwirnt und gewebt.

So beginnt das Tuch – kardierte, gefärbte Wolle

Bei einem Gang durch das Museum kann man die wichtigsten Etappen der Entwicklung der Textilindustrie von der handwerklichen zur industriellen Textilfertigung anschaulich verfolgen, denn alle Stadien der Wollverarbeitung vom Schaffell zum Tuch werden hier erlebbar gemacht – von der Frühgeschichte bis in die 1970er-Jahre. Museumstechniker pflegen und bedienen die alten Maschinen, die auch heute noch ihre Funktion erfüllen. Sie weben flauschige Wolldecken im berühmten Bramscher Rot, aber auch neue Designs wie eine Bauhaus-Kollektion.

Im Museumsladen kann man die vor Ort hergestellten Decken aus 100 Prozent Merinowolle in rot und vielen anderen Farben und Designs exklusiv erwerben. Die Decken der Bauhaus-Kollektion werden auch auf Bestellung gefertigt.

Über die Tuchherstellung hinaus gibt es aber noch mehr zu sehen und erleben am Museumsstandort in Bramsche: Im Veranstaltungsraum, der früheren Kornmühle, finden Sonderausstellungen, Konzerte, Lesungen und andere Kulturveranstaltungen statt. Rund um das Museum stehen noch einige der alten Tuchmacherhäuser und in der ehemaligen Walkmühle lädt das Museumsrestaurant „River Side" mit Biergarten und Terrasse über dem Mühlenteich zum Besuch.

Lage: Bramsche liegt etwa 17 Kilometer nördlich von Osnabrück.

Adresse: Tuchmacher Museum Bramsche, Mühlenort 6, 49565 Bramsche

Einkehr:

- Restaurant Riverside Bramsche: Am Mühlenort 7, 49565 Bramsche, *riverside-bramsche.de*

Website: *tuchmachermuseum.de*

HINWEISE:

- Sonn- und feiertags finden öffentliche Führungen statt.
- Führungen, Workshops und Kindergeburtstage können gebucht werden.
- Jährlich finden Aktionstage statt: ein großer Schafstag, mehrere Färbertage sowie ein Tuchmarkt
- Im Foyer des Museums befindet sich auch die Tourist-Information von Bramsche. Hier kann man sich über weitere Ausflugsziele informieren, die Gastronomie vor Ort, Übernachtungsmöglichkeiten sowie Rad- und Wanderwege.

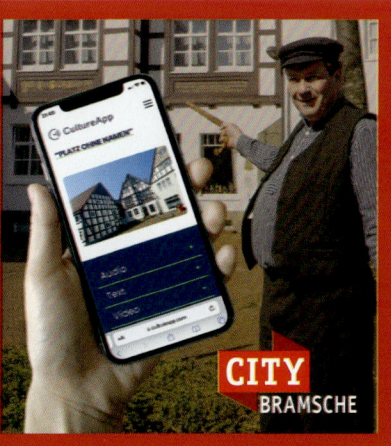

Kleiner *Historischer* Stadtrundgang

ALS AUDIO- ODER VIDEO-TOUR

5 Piesberg

GEOLOGIE ZUM ANFASSEN

Ein lohnendes Ausflugsziel in Osnabrück ist der Kultur- und Landschaftspark Piesberg. Eine Wanderung rund um das Bergbaugelände bietet nicht nur spektakuläre Sichten auf einen der größten Hartsteinbrüche Mitteleuropas, sondern auch eine besondere Tier- und Pflanzenwelt sowie Einblicke in alte Industriekultur.

Ein großer Sumpf, durchzogen von Flüssen und überwuchert von einem Wald aus Palmfarnen, Schachtelhalmen und Bärlappgewächsen – so präsentierte sich das Osnabrücker Land vor 300 Millionen Jahren. Was dann passierte, ist Erdgeschichte: Die Flussablagerungen verwandelten sich in Ton- und Sandstein, die Pflanzen in Steinkohle. Diese wurden dann in der Kreidezeit wieder an die Oberfläche gehoben, was den Menschen die Gelegenheit gab, nicht nur Brenn- sondern auch Baumaterial abzubauen. So geschehen am Piesberg, der höchsten Erhebung in Osnabrück, wo man neben Kohle auch einen extrem harten Sandstein, den Karbonquarzit, vorfand. Dieser wird auch heute noch am Piesberg abgebaut, während man den Kohleabbau Ende des 19. Jahrhunderts einstellte.

Piesberger Gesellschaftshaus – ein Hauch von Bergmannsromantik

Am schönsten lässt sich die wechselvolle Geschichte des Steinbruchs auf dem etwa sieben Kilometer langen Piesberg-Rundweg erkunden. Besucher mit Forschergen starten diesen am besten am Piesberger Gesellschaftshaus, denn hier kann man den „Abenteuer-Piesberg-Rucksack" ausleihen, der eine kleine Basisausrüstung für die Fossiliensuche am Berg enthält.

Aussichtsplattform auf der Felsrippe

Der eigentliche Rundwanderweg beginnt am Museum für Industriekultur; von dort folgt man dem Wegweiser in Richtung Feldbahn Haltestelle Südstieg. Unmittelbar neben der Haltestelle liegt die Erdzeitalter-Treppe, die Erdgeschichte begehbar macht. Die Treppe mit 300 Stufen symbolisiert die 300 Millionen Jahre Entstehungsgeschichte. Auf ihr erreicht man den Aussichtsturm auf der Felsrippe, der einen spektakulären Blick auf die Felswände des Steinbruchs erlaubt. Durch den Abbau des Sandsteins ist eine Art geologisches Bilderbuch entstanden, das mit der Abfolge verschiedener Schichten Erdgeschichte erzählt. Auf der Felsrippe kommt auch der Abenteuer-Rucksack zum Einsatz, denn hier wird regelmäßig Felsmaterial mit Fossilien abgekippt.

Der Rundweg führt weiter am Rand des Steinbruchs entlang; wer mag, macht einen Abstecher zum Arboretum mit Mammutbaum. Dann folgt auch schon die nächste Aussichtsplattform mit Blick auf das „geologische Bilderbuch" und ins Umland.

Die Feldbahnen fahren noch

Ein Labyrinth und besondere Steinformationen liegen am Weg. Auch den Stüveschacht kann man besichtigen; Informationstafeln erklären, warum hier die Kohleförderung aufgegeben wurde. Eine dritte Aussichtsplattform erlaubt weite Blicke ins nördliche Osnabrücker Land.

Anschließend geht es wieder zum Museum Industriekultur. Ein Besuch lohnt auch hier, denn man kann nicht nur alte Maschinen, Exponate der Osnabrücker Bergbaugeschichte sowie Fossilienfunde anschauen, sondern auch mit einem gläsernen Fahrstuhl

Traumhafte Aussichten auch im Winter

30 Meter tief in den alten Haseschacht fahren. Dort erlebt man Bergmannsfeeling pur: Der historische Bergwerksstollen führt über 300 Meter unter Tage bis in das alte Magazingebäude.

Lage: Die Aussichtsplattform Piesberg liegt am nordwestlichen Rand von Osnabrück.

Info

Start der Wanderung: Piesberger Gesellschaftshaus, Glückaufstraße 1, 49090 Osnabrück

Alternativ: Museum Industriekultur, Fürstenauer Weg 171, 49090 Osnabrück

Aktivitäten:
- Rundwanderweg: *tourenplaner-terravita.de/de/tour/ wanderung/rundwanderweg-piesberg/31117535/*
- Feldbahn Piesberg: an jedem 1. und 3. Sonntag von April bis Oktober kann man auf den historischen Feldbahnen auf dem Gelände des Piesbergs mitfahren; *feldspur.de*
- Museum Industriekultur: Fürstenauer Weg 171, 49090 Osnabrück, *museumindustriekultur.de*
- Wer noch Zeit und Energie hat, macht zum Schluss der Tour über die Brücke am Zechenbahnhof einen Abstecher zum Piesberger Hafen am Stichkanal; an Aktionstagen werden bisweilen Schifffahrten angeboten.

Einkehr:
- Piesberger Gesellschaftshaus: Abenteuer-Rucksack während der Öffnungszeiten des Cafés ausleihbar; Glückaufstraße 1, 49090 Osnabrück, *piesberger-gesellschaftshaus.de*
- Café MIK – Cafeteria im Museum Industriekultur: *mik-osnabrueck.de/das-mik/cafe-mik*

Websites:
- *osnabrueck.de/piesberg/zum-herunterladen*
- *tourenplaner-terravita.de*

Wanderglück!

Bernhard Pollmann · Wolfgang Schwartz

Teutoburger Wald

mit Egge- und Wiehengebirge

55 Touren mit GPS-Tracks

ROTHER | WANDERFÜHRER

Mit den Rother Wanderführern seid ihr immer auf dem richtigen Weg. Aktuell und zuverlässig zeigen sie euch die schönsten Routen – vom Klassiker bis zum Geheimtipp, von Kennern ausgewählt und genau beschrieben.

Mit allen Infos, Höhenprofilen, Zeitangaben, Kartenausschnitten und geprüften GPS-Tracks zum Download. Auch als Rother App.

6 Wandern mit Alpakas

SELBSTERFAHRUNG INKLUSIVE

Sie heißen
Nimbus, Caesar
und Fozzy, Elton,
Sully und Zorro. Und
so unterschiedlich wie
ihre Namen sind auch die
Tier-Persönlichkeiten, die
sich dahinter verbergen.
Darum ist eine Wanderung
mit der kleinen Alpaka-
herde in der Nähe von
Melle nicht nur ein
unvergessliches Erleb-
nis, sondern man lernt
auch eine Menge
über sich selbst.

Gemischte Wandergruppe

Das besondere Erlebnis mit den Tieren beginnt schon vor dem Start der eigentlichen Wanderung. Dann nämlich, wenn die Tiere gehalftert und angeleint am Zaun stehen. Denn nun gilt es für die menschlichen Teilnehmer, sich einen vierbeinigen Begleiter auszusuchen. Wie, bitte schön, soll man das machen, wo man die Tiere doch gar nicht kennt?

„Das sieht zuerst einmal rein zufällig aus, aber in 99 Prozent der Fälle passt es hinterher ganz gut zusammen", sagt Nadja Beik, eine der Besitzerinnen der kleinen Alpaka-Farm, die die Wanderung heute begleitet. „Passen" heißt in dem Fall, dass sich Führer und Tier während der nun folgenden etwa zweistündigen Wanderung durch Wald und Flur nicht nur aneinander gewöhnen, sondern in der Regel auch zunehmend gut verstehen. Ein Phänomen, das sich darin äußert, dass die wolligen Vierbeiner zuerst noch etwas zögerlich und vorsichtig neben ihren menschlichen Begleitern herlaufen, die Distanz zwischen beiden sich im Laufe der Wanderung aber oft verringert, man auf beiden Seiten entspannt und eine gute Zeit zusammen hat.

Auch warten gehört dazu – die Alpakas bestimmen das Tempo

Genau dieser Kontakt, diese Begegnung zwischen Mensch und Tier, der so wunderbar entschleunigt, macht die Alpaka-Wanderung aus. Ein Kontakt, bei dem sich nicht nur die Tiere auf den Menschen einstellen, sondern auch – oder ganz besonders – der Mensch auf das Tier: Dieses nämlich bestimmt das Lauftempo und entscheidet, inwieweit sich die begleitende Person ihm nähern darf. Denn entgegen ihrem wolligen Äußeren, das Alpakas wie große Kuscheltiere aussehen lässt, sind die Verwandten des Lamas skeptisch gegenüber Berührungen. Sie checken erst mal genau ab, ob sie ihren Begleiter mögen oder nicht und inwieweit sie ihn an sich heranlassen. Sie spiegeln ihr Gegenüber und werden somit zu einem unbewussten Selbsterfahrungsobjekt des Menschen.

Eine Erfahrung, die Nadja Beik als durchaus positiv empfindet: „Die Alpakas fordern einen dazu heraus, sie intuitiv zu erspüren, sich auf sie einzulassen. Sie verlangen eine besondere Form der Aufmerksamkeit, die in Richtung Achtsamkeit geht", sagt die Alpaka-Expertin. Was der Wanderung keinen Abbruch tut, denn hat man sich erst mal aufeinander eingespielt und den passenden Abstand gefunden, fängt man an zu entspannen und kommt richtig runter. Man fühlt sich auf eine ganz besondere Art mit dem Tier an seiner Seite verbunden, hat das Gefühl, man würde ein echtes Team bilden. So trottet man denn einträchtig nebeneinander her durch Wiesen und Wälder, genießt die Gesellschaft des zufälligen Partners und die wellige Hügellandschaft des Teutoburger Waldes.

Wenn man dann beseelt von diesem außergewöhnlichen Mensch-Tier-Kontakt und von der ruhigen und entschleunigten Art der Fortbewegung wieder am Alpaka-Hof ankommt, kann man das Erlebnis bei einem Getränk noch ein wenig nachklingen lassen und schauen, was der Hofladen zu bieten hat. Denn hier werden Alpaka-Produkte wie Mützen und Seifen vertrieben, man kann aber auch Tassen oder Postkarten mit dem Konterfei des neugewonnen Lieblings erwerben. Das alles – genauso wie die Wanderung – in gemütlicher, familiärer Atmosphäre. Und eben dies empfindet die Besitzerin der „Alpakas am Föhrenbach" als besonders an ihrer Farm: kleine Gruppen und persönlicher Austausch, eine nette Atmosphäre fern jeder Hektik und Ehrgeiz. Ein rundum entspanntes Event also und ein ganz besonderes Erlebnis mit dem Alpaka und sich selbst.

Und zum Schluss gibt's noch eine Belohnung

Lage: Melle liegt ca. 25 Kilometer südöstlich von Osnabrück.

Adresse: Alpakas am Föhrenbach, Borgholzhausener Straße 202, 49326 Melle

Info

Einkehr:
- Gasthaus Zurmühlen: Meller Straße 9, 33829 Borgholzhausen, *gasthaus-zurmuehlen.de*

Website: *alpakas-am-foehrenbach.de*

EIN TRAUM, AUS DEM MEHR ALS SCHAUM WURDE

Früher konnte man hier Brötchen kaufen und Milch, nebenan wurde Kaffee ausgeschenkt, abends Bier. Doch wenn man heute durch die Tür des Ladens an der „Howe" in Schiplage-St. Annen tritt, stößt man auf Kosmetik statt Kuchen, statt Bierseligkeit am Tresen auf die Produktionsstätte einer jungen, dynamischen Seifenmanufaktur.

Ein gemeinsamer Traum – die Welt ein wenig besser machen und Leben und Arbeit verbinden – das stand am Anfang der Seifenmanufaktur St. Annen. Es war der Traum der beiden Gründer, dem Diplom-Biologen Oliver Rautenberg und der Studienrätin Britta Heidland. Diesen Traum zu verwirklichen, würde ihnen nicht gelingen – da waren sie sich einig – wenn sie weiterhin Berufe ausübten, die sie im Grunde genommen nicht glücklich machten. Sie mussten etwas tun, was ihrer Vision von einer besseren Welt schon vom Ansatz her eher entsprach. So kamen sie darauf, naturnahe Kosmetika herzustellen.

Der Laden – heute wie früher besonders

Auf diese Idee hin gründeten sie im Jahr 2004 die Seifenmanufaktur. Zuerst fand die Seifenherstellung auf beengtem Raum statt, bis Oliver Rautenberg und Britta Heidland ein paar Jahre später ihre neue Produktionsstätte bezogen: eine alte Dorfkneipe nebst Bäckerei und Laden in der Nähe von Melle. Hier befindet sich das junge Unternehmen auch heute noch. Die Backstube wurde zur Seifenküche, der Dorf- zum Seifenladen, die Kneipe zum Büro und der Tanzsaal zu Lager und weiterer Produktionsstätte.

Die großzügigen räumlichen Kapazitäten kamen dem jungen Unternehmen sehr entgegen, konnte es doch mit der gegenwärtigen Entwicklung in der Kosmetik hin zu festen Produkten und weg vom Plastik seine Produktpalette ungemein erweitern. Ein Großteil der Produktion entfällt dabei mittlerweile auf private Label, die explizit für ihre Marke bestimmte Kosmetika herstellen lassen.

Hier wird jeder fündig

Doch auch der Privatkunde fühlt sich gut aufgehoben, wenn er die Schwelle zu dem kleinen Seifenladen in St. Annen betritt. Die rustikal-heimelige Atmosphäre des Ladens mit alten Möbeln wie marmornem Waschtisch und Spiegel, alten Garderoben und Schränken, Badewanne auf Füßen und altem Kronleuchter versetzt in eine andere Zeit. In dem großzügigen, hellen Ladenlokal finden sich helle, dunkle, gemusterte und verzierte Seifenstücke allerorten, in Schubladen, auf Tischen und Kommoden, dazu Seifenschalen und -säckchen, Tücher und Schwämme sowie viele weitere Reinigungs- und Kosmetikprodukte. Überall gibt es etwas zu entdecken. Die ungewöhnliche Verkaufsumgebung inspiriert und verleitet dazu, die ausgestellten

Seifen und mehr – der Laden hat ein großes Sortiment

Artikel und Accessoires zu durchstöbern. Selbst Herren werden hier fündig, gibt es doch ein spezielles Körper-set, das für Wohlbefinden und Pflege sorgt.

Abgerundet wird das anregende Shopping-Erlebnis durch die freundliche Begleitung der Hausherrin Britta Heidland. Die kompetente Beratung hilft dabei, einen Überblick in Sachen Natur-kosmetik zu bekommen und das richtige Produkt zu finden, das optimal an die eigenen Bedürfnisse angepasst ist.

Das gehört dazu – originelle Seifenschalen

Lage: Schiplage-St. Annen liegt etwa 33 Kilometer südöstlich von Osnabrück.

Adresse: Seifenmanufaktur St. Annen, Zur Howe 15, 49326 Melle-St. Annen

Aktivitäten:
- Gleich neben der Seifenmanufaktur liegt die mittelalterliche Kirche St. Annen mit besonderer Wand- und Gewölbebemalung: Zur Howe, 49326 Melle, *st-matthaeus-melle.de*

Einkehr:
- Radler-Rast: Im Hagen 22, 49326 Melle, *hof-hk-melle.de/radler-rast*
- Zum kühlen Grunde: Bielefelder Straße 71, 49326 Melle, *zum-kuehlen-grunde-melle.de*

Website: *seifenmanufaktur-st-annen.de*

8 Bad Essen

MARINA MEETS SOLE

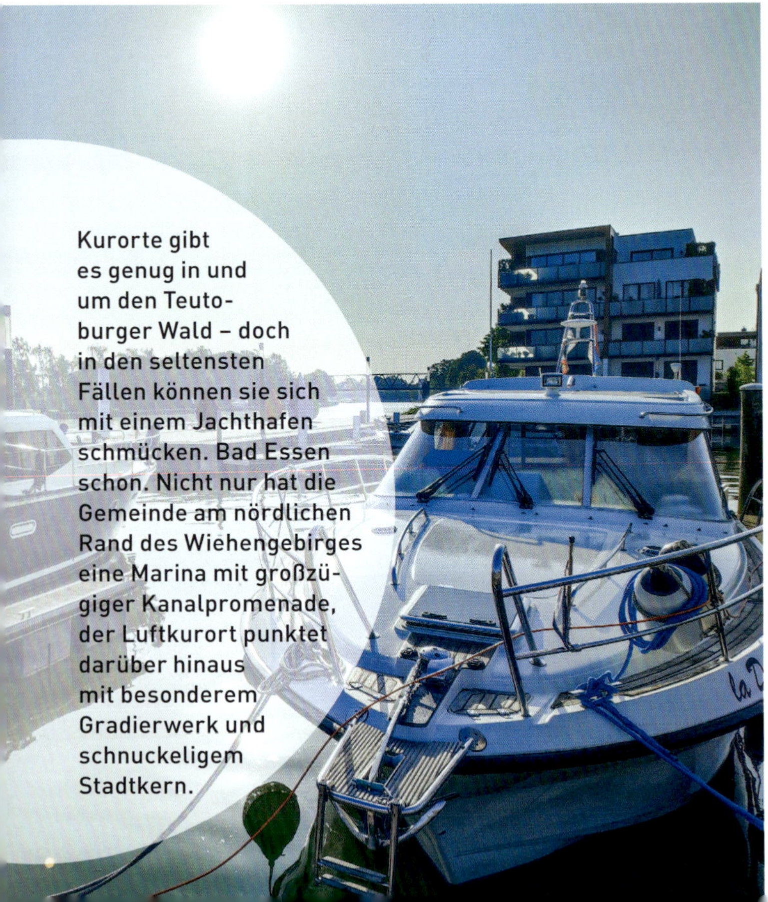

Kurorte gibt es genug in und um den Teutoburger Wald – doch in den seltensten Fällen können sie sich mit einem Jachthafen schmücken. Bad Essen schon. Nicht nur hat die Gemeinde am nördlichen Rand des Wiehengebirges eine Marina mit großzügiger Kanalpromenade, der Luftkurort punktet darüber hinaus mit besonderem Gradierwerk und schnuckeligem Stadtkern.

Seit 2015 trägt Bad Essen eine Schnecke im Stadtlogo. Das bedeutet nicht etwa, dass Schnecken die Spezialität der örtlichen Gastronomie wären oder dass die Schnecke – ähnlich einem Wappentier – eine besondere Bedeutung für die Stadt hätte. Vielmehr steht das putzige Kriechtier für Städte wie Bad Essen, die sich der Langsamkeit verschrieben haben und sich bezeichnenderweise mit dem Begriff „Cittaslow" schmücken. Der internationalen Bewegung geht es um Entschleunigung, um mehr Lebensqualität und Bewusstheit.

Historisch und schön – die Innenstadt

Erreicht werden sollen diese hehren Ziele durch eine nachhaltige und behutsame Stadtentwicklung, die den Menschen in den Fokus rückt, die versucht, die lokale Identität zu bewahren und eine Amerikanisierung der Stadt zu verhindern. Außerdem betont Cittaslow kulturelle Diversität sowie besondere Werte.

Schmucker Ortskern – Gastronomie an historischem Ort

In Bad Essen scheint dies gelungen, wovon nicht nur die Schnecke zeugt, sondern auch allerlei Besonderheiten, die den Ortskern bestimmen: Da wäre zum Beispiel der malerische Kirchplatz, daneben zahlreiche schmucke Fachwerkbauten wie das Hünnefelder Totenhaus, der frühere Wehrspeicher oder die historische Wassermühle am Ortsausgang, die gleichzeitig das Wahrzeichen Bad Essens darstellt.

Dann ist da natürlich die SoleArena, ein besonders gestaltetes Mini-Gradierwerk, das aus der Millionen Jahre alten Solequelle 800 Meter unter der Erde gespeist wird; die Sole wird anschließend in der Arena vernebelt und verrieselt.

SoleArena

Auch gibt es eine besondere Aussichtsplattform, die Himmelsterrasse, die anlässlich der Landesgartenschau 2010 gestaltet wurde und von der man nicht nur einen herrlichen Blick gen Norden hat, sondern die auch für Open-Air-Veranstaltungen konzipiert ist.

Eine einzigartige Atmosphäre verströmt außerdem der kleine Hafen am Mittellandkanal. Bis zu 35 Sportboote können hier vor Anker liegen. Ein Hafenplatz und eine Uferpromenade mit schönen Stufen- und Sitzanlagen laden zum Flanieren und Verweilen ein.

Zur lokalen Identität des Ortes tragen zudem die unverwechsel-baren Genüsse Bad Essens bei wie das Urmeersalz und Holun-der-Produkte. Säfte und Liköre, Gebäck und Konfitüren, Saucen und Dips werden aus den Blüten und Früchten des Strauchs gewonnen, der vor allem zur Blütezeit Anfang Juni das Land-schaftsbild rund um den Sole-Kurort am Wiehen-gebirge mitprägt. Eine Stadt voller Vielfalt also!

Kähne gucken

Lage: Bad Essen liegt etwa 23 Kilome-ter östlich von Osnabrück.

Info

Aktivitäten:
- In Bad Essen finden regelmäßig ver-schiedene Veranstaltungen statt wie Atemtherapie in der SoleArena, historische Stadtführungen und Mahlvorführungen in der Alten Wassermühle. Auch Themenwanderungen werden regelmäßig veranstaltet: *badessen.info/portfolio-item/ regelmaessige-veranstaltungen*

Einkehr:
- Das Kleine Haus & Das Haus Nebenan: Kirchplatz 29/31, 49152 Bad Essen, *kleineshaus-badessen.com*
- Café Santa auf Burg Wittlage: Burgstraße 3, 49152 Bad Essen, *www.café-santa.de*

Websites:
- *badessen.info*
- *bad-essen.rhdbe.de/solearena*

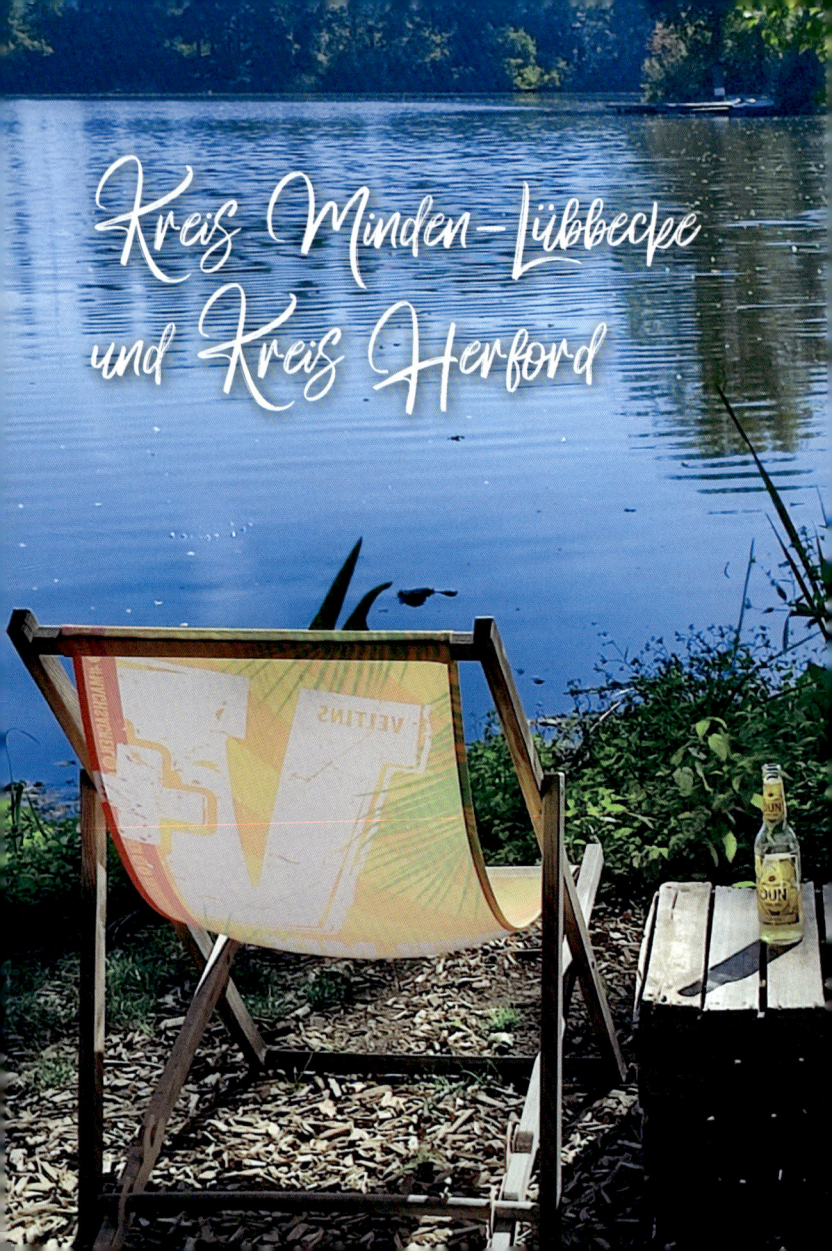

Kreis Minden-Lübbecke und Kreis Herford

Ein idyllisches Plätzchen am Hücker Moor

Kreis Minden-Lübbecke und Kreis Herford

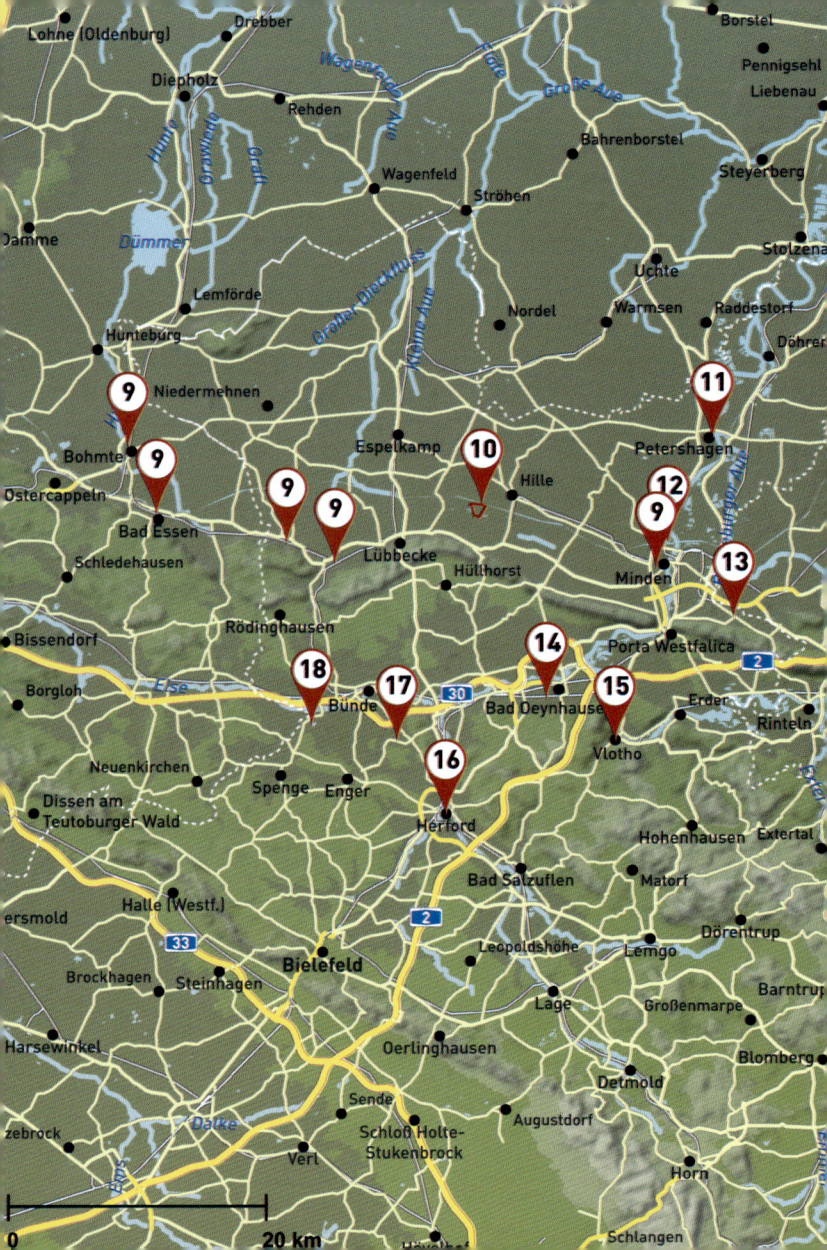

9 Museumseisenbahn Minden

PLATZ NEHMEN IN DER POLSTERKLASSE

Sie lädt ein zu Teddybär- und Nikolausfahrten, man kann mit ihr zum Historischen Markt in Bad Essen fahren, eine „Weserrundfahrt" machen oder eine Windmühle besuchen: Die Museums-Eisenbahn Minden e. V. macht es möglich, im Preußenzug wie in alten Zeiten durch den Mühlenkreis zu reisen.

Eisenbahngeschichte erlebbar machen – das war von Anfang an das Anliegen der Museums-Eisenbahner Minden e. V., die 1977 ihren Verein gründeten. Das war zu jener Zeit, als die Deutsche Bundesbahn alte Dampfloks verschrotten ließ. Eisenbahnfreunde befürchteten, dass schon in kurzer Zeit in Deutschland diese alte Eisenbahn- und Fahrzeugtechnik nicht mehr erlebbar sein würde. In Folge entstanden an verschiedenen Orten in der Republik durch Zusammenschlüsse engagierter Dampflokliebhaber und Eisenbahnfreunde die heutigen Museums-Eisenbahnen.

Einen Ableger dieser Bewegung bildeten die aus dem Bereich Minden und Preußisch Oldendorf stammenden Eisenbahnfreunde, die dem Besucher historische Züge nicht nur am Modell, sondern auch als echter Fahrgast im Betrieb zeigen wollten. Der Fokus lag dabei auf Klein- und Nebenbahnen am Ende des 19. Jahrhunderts in Norddeutschland, die wesentlich dazu beitrugen, den ländlichen Raum abseits der Metropolen zu erschließen.

Zur Abfahrt bereit – die historische Kleinbahn

Kleine Bahnhöfe am Weg

Um das Fahr-Erlebnis möglich zu machen, arbeiteten die Mindener Eisenbahner einen Preußischen Nebenbahnzug von vor dem Ersten Weltkrieg sowie einen Kleinbahnzug betriebsfähig auf.

Heute kann man in den zwei- und dreiachsigen Wagen der Züge in verschiedenen Klassen Platz nehmen, deren Komfort von einfachsten Sitzlatten bis zu gepolsterten Bänken reicht. Doch egal ob man die „Holzklasse" oder die „Polsterklasse" auf der abenteuerlichen Fahrt durch den Mühlenkreis aufsucht: das Fahrvergnügen bleibt das gleiche. Denn alle Fahrgäste sehen in gemächlichem Tempo Felder und Wälder an sich vorüberziehen und lassen sich einlullen von dem Stampfen der Motoren. Alle lauschen dem grellen Pfiff, der die Abfahrt am Bahnhof verheißt, und ein jeder kauft seine gelbe Pappfahrkarte beim Schaffner in Uniform, der einen riesigen Bauchladen mit Münzgeld vor sich herträgt und den Fahrschein mit einer Zange locht.

Auch der mitgeführte Buffetwagen kann von jedem Fahrgast unabhängig von der Fahrklasse genutzt werden, um sich mit einem erfrischenden Getränk oder einem Snack zu versorgen. Genauso wie die Toilette mit Handspülung, deren untere Öffnung direkt auf die Gleise mündet.

Ein Vergnügen der besonderen Art stellt ein Ausflug ins Freie dar: Von der Plattform vor jedem Waggon lässt sich nicht nur ein- und aussteigen, sondern

Der Schaffner kommt und locht die Fahrkarte

hier kann man auch während der Fahrt verweilen, sich den frischen Wind um die Nase wehen lassen und die wunderbaren Ausblicke in die umliegende Natur mit allen Sinnen genießen.

Ein besonderes Erlebnis – die Fahrt auf der Plattform

Lage: Die Strecken der Museums-Eisenbahn Minden e. V. verlaufen von Bad Holzhausen nach Bohmte und zurück bzw. von Minden nach Hille und Kleinenbremen.

Website: *museumseisenbahn-minden.de*

HINWEISE:

- Fahrpläne, Strecken und Haltepunkte der Museumseisenbahn: *museumseisenbahn-minden.de/fahrplaene*
- Es gibt nicht nur reine Fahrten mit der Bahn, sondern auch kombinierte Zug/Schifffahrten bzw. eine Kombination mit Einfahrt in das Besucherbergwerk Kleinenbremen (siehe Tipp 13), außerdem Sonder- und Gruppenfahrten
- Generell operieren die Züge von April bis Oktober jeden zweiten Sonntag im Monat.

10 Großes Torfmoor in Hille

RENATURIERTE WUNDERWELT

Mit 467 Hektar
ist das „Hiller
Moor", wie es im
Volksmund heißt, nicht
nur das bedeutendste
Hochmoor Westfalens,
sondern es bietet dar-
über hinaus auch eine
ungeheure Vielfalt: Von
schmalen Pfaden durch
mystische Moortümpel
über Bohlenwege mit
Moorleichenresten, von
einer Heidschnucken-
herde über eine
Moormatschkuhle
ist alles dabei.

Ein vor etwa 11.000 Jahren durch die Weser gebildeter Rinnensee ist der Ursprung des Großen Torfmoors, das in einer Niederung zwischen Wiehengebirge und Mittellandkanal liegt. Hier entwässerte man bis in die 1950er-Jahre das Moor, um Torf abzubauen und die Heideflächen extensiv zu nutzen. Bis Mitte des 20. Jahrhunderts wurde Torf gestochen, um ihn als Brenn- oder Baumaterial zu nutzen, später auch als Bademoor für die Kurorte der Umgebung.

Durch Ausweisung als Naturschutzgebiet im Jahr 1980 versuchte man dann, das Moor

Auf dem Bohlenweg zum Aussichtsturm

wieder zu renaturieren, indem man Drainagekanäle abdichtete, Stauwerke einzog, atypische Gehölze fällte und typische Bruchwaldbäume wieder aufforstete.

Im heute wieder weitgehend typischen Lebensraum finden sich neben den eigentlichen Hochmoorbereichen auch Birken-Moorwald und ausgedehnte Feuchtheiden. Dementsprechend beheimatet das Gebiet zahlreiche Tier- und Pflanzenarten – darunter viele seltene und gefährdete Arten wie zum Beispiel Bekassine, Krickente und Knäkente sowie den Moorfrosch. Zudem findet man Pflanzen wie die Moosbeere, den Sonnentau und die Rosmarinheide sowie verschiedene Torfmoose.

All diese Besonderheiten lassen sich auf diversen Rundkursen entdecken; besonders spannend ist der circa vier Kilometer lange Moor-Erlebnis-Pfad. Hier wird an acht Info- und Mitmachstationen viel Interessantes über ökologische Zusammenhänge,

Moorfunde

über Tiere und Pflanzen, aber auch die Eingriffe des Menschen im Moor vermittelt. Es gibt anschauliche Einblicke in den Torfabbau, einen Aussichtsturm mit schönem Panoramablick über die

Die besondere Erde erfühlen – ein Moorbad

Moor- und Heidelandschaft und einen Bohlenpfad nebst Moorleichenresten. Als krönender Abschluss lockt ein Barfußspaziergang durch die Moormatschkuhle – Handtuch mitbringen!

Wer mag, stattet dem NABU-Besucherzentrum Moorhus am Westrand des Moores einen Besuch ab. Hier gibt es eine Dauer- und Wechselausstellung über die Funktionsweise von Hochmooren, deren Bedeutung für das Klima sowie die hochmoortypische Flora und Fauna. Beleuchtet werden auch die ehemalige wirtschaftliche Nutzung des Großen Torfmoores sowie durchgeführte Regenerationsmaßnahmen.

Praktisches Anschauungsmaterial bietet sich im eigens angelegten Moorgarten: Am Barfußpfad lässt sich die Entstehung und Nutzung des Großen Torfmoors mit den Füßen erfühlen. Im Hochmoor-Beet kann außerdem das Große Torfmoor im Miniaturformat erkundet werden, dessen trockenere und feuchtere Zonen mit der entsprechenden Flora wie Torfmoos und Wollgras sowie der „fleischfressenden Pflanze" Sonnentau.

Info

Lage: Hille liegt etwa zehn Kilometer westlich von Minden.

Adresse: Der Moor-Erlebnispfad kann von einem der Parkplätze am Rande des Moors gestartet werden, zum Beispiel von Parkplatz 4, Geestmoordamm 11, 32479 Hille

Aktivitäten:

- Rundwanderweg: *teutoburgerwald.de/natur/in-der-natur/tour/gelber-weg-moor-erlebnis-pfad-grosses-torfmoor*
- Moorhus Besucherzentrum: Hier kann man mehr über das Moor erfahren; Frotheimer Straße 57a, 32312 Lübbecke;
  Neben der Ausstellung im Moorhus Besucherzentrum veranstaltet der NABU Minden-Lübbecke auch Themenführungen, die man hier buchen kann.
- Familien können eine Rallye zur Lauschtour unternehmen. Die Fragen können mit Hilfe der Audio-Beiträge gelöst werden, um am Ende ein Lösungswort zu erhalten. Man kann auch per App eine Lauschtour durchs Moor machen, *teutoburgerwald.de/natur/in-der-natur/tour/rundwanderweg-durch-das-grosses-torfmoor-lauschtour*, Apps im Playstore.

Einkehr:

- Café im Moorhus: Frotheimer Straße 57a 32312 Lübbecke

Website: *moorhus.eu*

11 Storchenroute Petershagen

AUF ENTDECKUNGSREISE AN DER WESER

„Die Storchen-
hauptstadt" – so
lautet der Beiname
von Petershagen.
Und in der Tat: Die
kleine Stadt im Mühlen-
kreis weist eine bemer-
kenswerte Dichte an Stor-
chennestern auf. Erradeln
kann man diese auf der
sogenannten Storchen-
route rund um Peters-
hagen. Daneben ist der
etwa 60 Kilometer lange
Rundweg gespickt mit
Sehenswürdigkeiten
von Scheunenvier-
tel bis Solar-
fähre.

Nur noch drei Storchenpaare waren es, die Ende der 1980er-Jahre in der Petershäger Weseraue brüteten; höchste Zeit, sich um die vom Aussterben bedrohte Spezies zu kümmern. Das geschah dann insbesondere durch das Weißstorchprogramm Minden-Lübbecke, das sich unter anderem um geeignete Nahrungsflächen kümmerte. Daneben half die lokale Bevölkerung, die viele Nisthilfen auf Dächern und Masten platzierte. Die vereinten Bemühungen führten dazu, dass hier heute wieder über 20 Storchenpaare nisten.

Auf der Storchenroute Petershagen kann man diese aus der Ferne anschauen, das Innenleben der Storchennester aber auch über Webcams beobachten. Daneben lassen sich auf der Radroute viele weitere Besonderheiten der Region entdecken. Dazu zählen im Ort Petershagen zum Beispiel das „Alte Amtsgericht" in dem man nicht nur heiraten, sondern in den historischen Gefängniszellen auch übernachten kann. Auf der Radstrecke passiert man weiterhin den Hafen und das Schloss Petershagen.

Auch hier ein Nistgast – Gut Schlüsselburg

Auch das Industriemuseum Glashütte Gernheim mit kegelförmigem Glasturm sowie einer alten Arbeitersiedlung liegt am Weg, ebenso wie die Weserkirche Ovenstädt aus dem 12. Jahrhundert sowie die Weserkirche Buchholz aus dem 13. Jahrhundert. Weitere besondere Sehenswürdigkeiten sind das Scheunenviertel Schlüsselburg, dessen ältesten Scheunen aus der Zeit um 1600 bis 1700 stammen, sowie die Solarfähre PetraSolara, eine mit Sonnenenergie angetriebene Fähre. Mit der Fähre lässt

Scheunenviertel Schlüsselburg

Romantisch – die Weserauen

sich die Weser zwischen Hävern und Windheim überqueren und so die Route erheblich abkürzen.

Selbst Aalfängerschiffe liegen am Weg, die den letzten Berufsfischern in Nordrhein-Westfalen gehören. Einen anderen Fisch, den Hering, konnte man eher in der Nordsee fangen. Nichtsdestotrotz gibt es in Heimsen ein Heringsfängermuseum, das die Tradition der Heringsfänger aufgreift, die saisonal an der Nordsee arbeiteten. Auch einige Mühlen lassen sich per Abstecher gut erreichen: die Windmühle Heimsen sowie die Plaggen Mühle, die Wassermühle mit der einzigen Sägemühle an der Westfälischen Mühlenstraße. Eine Alternativroute führt über die Klostermühle in Lahde, eine seltene Kombination aus Wind- und Wassermühle.

Themenbezogenes Muss der Tour ist das Westfälische Storchenmuseum in Windheim, wo man einiges über das Leben der Störche, ihre Beziehungen zum Menschen und das Weißstorchprogramm Minden-Lübbecke lernt. Per Leiter kann man dort auch einen Horst besteigen. Ferner warten hier ein uriges Café in einem unter Denkmalschutz stehenden Dreiständer-Hallenhaus sowie ein Storchenspielplatz mit Stelzenweg, Matschanlage, Wackelplatte und Nestschaukel.

Café Windheim No 2

Lage: Petershagen liegt etwa zehn Kilometer nördlich von Minden.

Adresse: Gestartet werden kann beliebig an Stationen am Weg; der „offizielle" Start ist jedoch in der Innenstadt von Petershagen am Alten Amtsgericht Petershagen, Mindener Straße 16, 32469 Petershagen.

Aktivitäten:
- Westfälisches Storchenmuseum: Im Grund 4, 32469 Petershagen-Windheim, *stoerche-minden-luebbecke.de/ westfaelisches-storchenmuseum*
- Heringsfängermuseum: Am Mühlenbach 9, 32469 Petershagen, *heringsfaengermuseum.de*
- Glashütte Gernheim: Gernheim 12, 32469 Petershagen, *glashuette-gernheim.lwl.org/de*
- Scheunenviertel Schlüsselburg: Stolzenauer Straße, 32469 Petershagen, *mittelweser-tourismus.de/poi/ scheunenviertel-schluesselburg-1*
- Solarfähre PetraSolara: Angerstraße, 32469 Petershagen, *petrasolara.de*

Einkehr am Weg:
- Kulturcafé „Historische Hofstelle Windheim No. 2": Im Grund 4, 32469 Petershagen, *stoerche-minden-luebbecke.de/cafe-no2*
- Café Weserscheune: Buchholzer Straße 35, 32469 Petershagen, *weserscheune.de*
- Diverse Gastronomiebetriebe in Petershagen

Einkehr am Start-/Zielpunkt:
- Mehdis Kulturzentrum: Musik, Kultur & Menschen im Amtsgericht Petershagen, Mindener Straße 16, 32469 Petershagen, *mehdis-kultur.de*

Website: *muehlenkreis.de/Erleben-Entdecken/Bewegen/ Storchenroute*

12 Wasserstraßenkreuz Minden

WASSERWEGE GEHEN

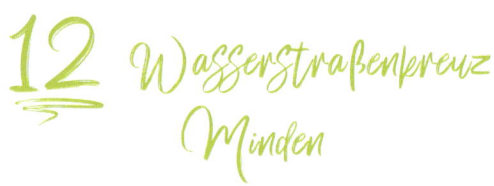

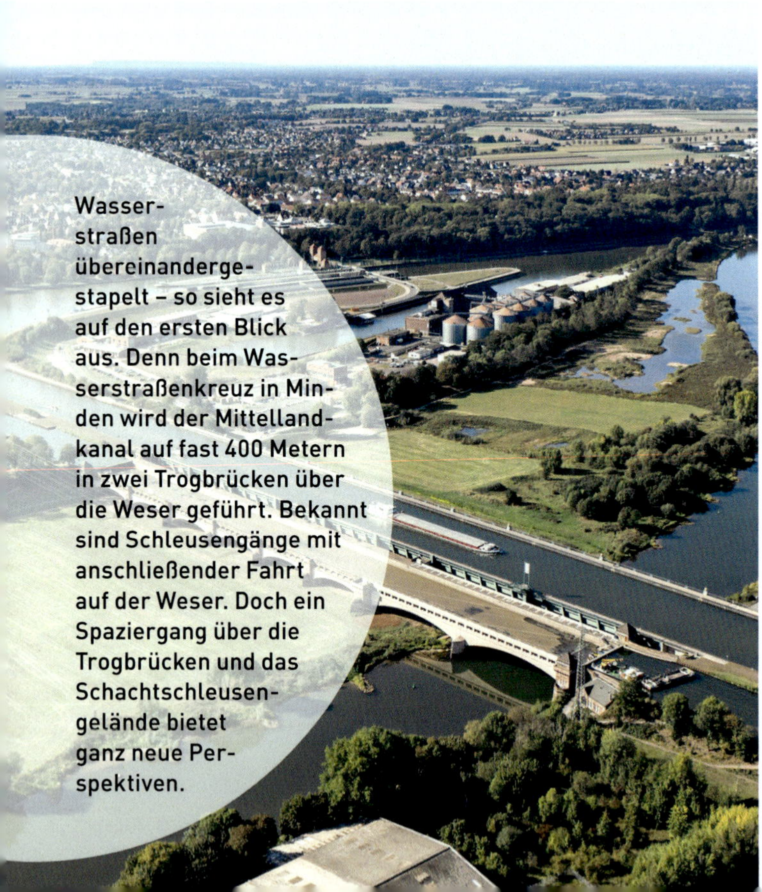

Wasserstraßen übereinandergestapelt – so sieht es auf den ersten Blick aus. Denn beim Wasserstraßenkreuz in Minden wird der Mittellandkanal auf fast 400 Metern in zwei Trogbrücken über die Weser geführt. Bekannt sind Schleusengänge mit anschließender Fahrt auf der Weser. Doch ein Spaziergang über die Trogbrücken und das Schachtschleusengelände bietet ganz neue Perspektiven.

Begonnen hatte das gigantische Projekt eines der größten Wasserstraßenkreuze der Welt im Jahr 1906 mit dem Bau des heutigen Mittellandkanals. Seit 1915 wird dieser in einer Trogbrücke über das Wesertal und die rund 13 Meter tiefer gelegene Weser geführt. Um vom Kanal in die Weser zu gelangen oder umgekehrt, wurde 1914 die Schachtschleuse errichtet. Mittlerweile entspricht diese jedoch nicht mehr den Anforderungen der heutigen Schiffe; darum wurde im Jahr 2017 direkt neben der Schachtschleuse die Weserschleuse eröffnet, die nun

Die alte und die neue Trogbrücke

auch eine Schleusung für Großmotorgüterschiffe ermöglicht. Beide Schleusen passiert man auf der sogenannten Besucherroute, einem etwa vier Kilometer langen Rundweg, auf dem sich das Wasserstraßenkreuz und das Schachtschleusengelände auf eine ganz eigene Art und Weise erkunden lassen.

Die Route startet am Informationszentrum. Hier lernt man nicht nur jede Menge über das deutsche Wasserstraßennetz und das Verkehrssystem der Binnenschifffahrt, sondern man kann auch Tickets für einen Besuch auf der Plattform der alten Schachtschleuse bzw. der neuen Weserschleuse erwerben. Vom Informationszentrum geht es zum Sympher-Denkmal, das Leo Sympher gewidmet ist. Der

Die Schachtschleuse

Wasserbauingenieur hatte als preußischer Regierungsbeamter einen führenden Anteil an Planung und Bau des Mittellandkanals.

Auf Uferwegen gelangt man als nächstes zum Schiffermast Hol-Fast-Platz, eine Mastanlage des in Minden beheimateten Binnenschiffervereins „Hol Fast". Vom Platz aus hat man einen tollen Blick auf den Mittellandkanal und kann vorbeifahrende Schiffe beobachten. Über eine Brücke wird anschließend der Kanal gequert und man gelangt auf die andere Seite. Dort lassen sich die am Ufer vertäuten Kanalschiffe bewundern und man hat einen schönen Blick auf die Schleusenanlage mit Ampelvorrichtung. So nähert man sich dem Hauptpumpenwerk, das den Mittellandkanal mit Wasser aus der Weser versorgt, um Wasserverluste des Kanals durch Verdunstung, Versickerung oder Schleusenbetrieb auszugleichen. Der Weg führt weiter an der alten Kanalbrücke entlang, die wie das Pumpenwerk seit 1987 auf der Denkmalliste der Stadt Minden steht. Man passiert das Hilfspumpenwerk,

Schleusengang

bevor der Weg weiter unter dem Kanal hindurchführt und man auf die andere Seite der Trogbrücke gelangt. Wie die Schachtschleuse musste auch diese im Laufe der Jahre vergrößert werden, sodass nun zwei Tröge – die alte und die neue – nebeneinander herlaufen. An der neuen Kanalbrücke spaziert man nun zu einer Aussichtsplattform. Von hier aus bietet sich ein toller Blick auf das Wasserstraßenkreuz aus einer höher gelegenen Perspektive.

Die Besucherroute führt weiter in großem Bogen zurück zu den Schachtschleusen. Auch von der Straße aus lässt sich das Schleusengeschehen beobachten; näher dran ist man allerdings, wenn man sich ein kostenpflichtiges Ticket für die Plattformen besorgt.

Info

Lage: Das Wasserstraßenkreuz und die Schachtschleuse liegen im Norden Mindens.

Adresse: Schachtschleuse, Bauhofstraße, 32425 Minden

Aktivitäten:
- Führungen am Wasserstraßenkreuz: *minden-erleben.de/tourismus/index.php/de/touristische-angebote-minden/wasserstrassenkreuz* (Führungen)
- Fahrten mit der Mindener Fahrgastschifffahrt: *mifa.com*

Einkehr:
- Bistro Schachtschleuse: Sympherstraße 16, 32425 Minden, *mifa.com/essen-trinken/speisen-im-bistro*

Websites:
- *minden-erleben.de/tourismus/index.php/de/touristische-angebote-minden/wasserstrassenkreuz*
- *wsv.de*

PETERSHAGEN LEBEN

URLAUB IN DER STORCHENHAUPTSTADT PETERSHAGEN!

Storchengeklapper im Norden OWLs, urige Museen, radeln, Seele baumeln lassen ...

www.petershagen.de

13 Besucherbergwerk Kleinenbremen

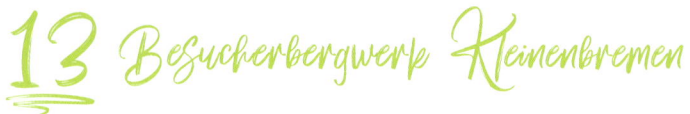

DIE ETWAS ANDERE BERGWELT

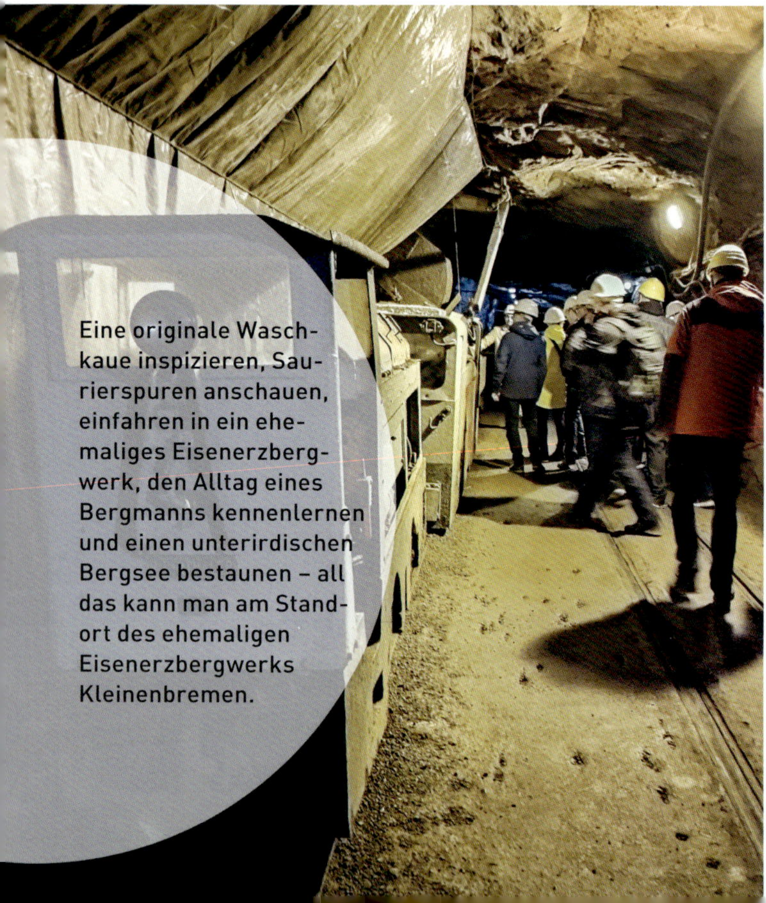

Eine originale Waschkaue inspizieren, Saurierspuren anschauen, einfahren in ein ehemaliges Eisenerzbergwerk, den Alltag eines Bergmanns kennenlernen und einen unterirdischen Bergsee bestaunen – all das kann man am Standort des ehemaligen Eisenerzbergwerks Kleinenbremen.

„Glück auf!" Dieser als Bergmannsgruß bekannte Ausspruch bedeutete ursprünglich, dass man hoffte, unter Tage auf abbaufähiges Gestein zu stoßen. Solches fand man in der Region Porta Westfalica im Wesergebirge in Form von Eisenstein, das sich über drei Abbaustätten verteilte. Eine davon war die Wohlverwarter Linse, der heutige Standort des Besucherbergwerks Kleinenbremen.

Das ehemalige Abbaugebiet der Linse Wohlverwart

Von 1883 an war das Bergwerk in Betrieb; 1957 aber wurde der gesamte Abbau in die benachbarte Nammer Linse verlagert, da in Wohlverwart nicht mehr wirtschaftlich gearbeitet werden konnte. In Nammen liegt auch heute noch das letzte Eisenerz-Abbaugebiet Deutschlands. In der Grube Wohlverwart hingegen richtete man im Jahr 1988 ein Besucherbergwerk ein, um der Öffentlichkeit die Geschichte des Bergbaus und das Leben der Bergleute nahezubringen.

Im Museum kann man zum einen viel über die Hintergründe des Bergbaus und somit der Erdgeschichte lernen. Eine Ausstellung

Kleidungsaufbewahrung in der Jugendkaue

mit Fossilien, Mineralen und Steinen führt durch die Erdzeitalter, lässt Sümpfe und Meere, Dinosaurier und Mammuts lebendig werden. Auch die Hintergründe der Entstehung von Gebirgen werden beleuchtet und damit auch die Lage des Flözes, die es überhaupt möglich machte, vor Ort Eisenerz abzubauen. Interaktive Modelle zeigen zudem die Gruben der drei Erzlinsen vor Ort sowie die Lage und Ausdehnung der jeweiligen Abbaufelder.

Bergmänner bekommen ein Gesicht

Thema des Museums sind auch die Bergmänner. In der „Halle der Bergleute" bekommen die Männer, die auch heute noch in der Montanindustrie Porta Westfalicas tätig sind, ein Gesicht. Ihr Alltagsleben wird in Form von Dokumenten, Fotos und Erzählungen illustriert. Darüber hinaus kann man in Schaudepots Alltagsgegenstände anschauen, die die Bergmänner tagtäglich begleiten.

Spannendster Teil des Besuchs in Kleinenbremen ist natürlich die Einfahrt in die Grube Wohlverwahrt, wo man sich die ehemaligen Abbaugebiete hautnah anschauen, hindurchspazieren und per Grubenbahn auch hindurchfahren kann.

Wie wurde früher das Eisenerz abgebaut? Welche Geräte benutzte der Bergmann, um Bohrlöcher ins Gestein zu treiben? Wie wurde das Gestein abtransportiert? Und wie sah die Schicht eines Bergmanns aus? All diese Fragen werden in einer kurzweiligen Führung beantwortet. Darüber hinaus lernt man auch, wie im Laufe der Jahrzehnte durch maschinellen Einsatz der Abbau nicht nur vereinfacht wurde, sondern auch viel effizienter geworden ist. Anschaulich und an echten Modellen wird erklärt, wie der Bergbau heute vonstattengeht, welche leistungsfähigen Maschinen zum Einsatz kommen, wie dadurch die Fördermenge um ein Vielfaches gesteigert und die Zahl der eingesetzten Bergmänner drastisch reduziert wurde.

Wer mag, schlendert nach der beeindruckenden Führung noch durch das Außengelände des historischen Museumssteinbruchs oder den Gesteinsgarten, wo Schautafeln über Herkunft und Zusammensetzung der ausgestellten Gesteinsbrocken informieren.

Lage: Porta Westfalica liegt etwa fünf Kilometer südlich von Minden.

Adresse: Besucher-Bergwerk & Museum Kleinenbremen, Rintelner Straße 96, 32457 Porta Westfalica

Einkehr:
- Möbelei: direkt neben dem Bergwerksgelände; Rintelner Straße 368, 32457 Kleinenbremen, *moebelei.com/kopie-von-laden*

Website: *bergwerk-kleinenbremen.de/home.php*

14 Aqua Magica

DER GEYSIR VON OSTWESTFALEN-LIPPE

Aqua Magica – magische Wasser – so lautete das Thema der Landesgartenschau in Bad Oeynhausen im Jahr 2000 in Anlehnung an die Solequellen der zahlreichen Bäder und Kurorte der Region. Auch heute noch kann man das Element Wasser im Park in unterschiedlichen Gestaltungsformen erleben. Am beeindruckendsten: ein Krater mit einer riesigen Wasserfontäne.

Wer wollte nicht immer schon mal aus nächster Nähe Wasser aus der Erde in den Himmel schießen sehen wie bei den Geysiren in Island? Auf dem Gelände der ehemaligen Landesgartenschau Aqua Magica ist das möglich, denn hier kann man eine unterirdische Brunnenskulptur begehen, aus der in regelmäßigen Abständen Wasser aus dem Boden schießt. Ganze 18 Meter tief gelangt man über eine Treppe entlang aufgeschnittener Gesteinswände in das Erdinnere hinab direkt zur Quelle des magischen Wassers. Unten angekommen ist Staunen angesagt, denn von dort schießt in regelmäßigen Abständen eine 30 Meter hohe Wasserfontäne empor. Hier wird die geballte Urkraft der Solequellen spürbar!

Mit Nassgarantie – die emporschießende Wasserfontäne

Etwas weniger dramatisch geht es in der Nähe des Kraters zu. In drei rechteckigen Wassergärten befinden sich gleichzeitig auch ganz unterschiedliche Lebensräume: Im oberen Becken blühen bunte Seerosen, im mittleren Becken kann man seltene Riesen-Schachtelhalme bewundern und im unteren Becken wachsen Sumpfpflanzen, was verschiedene Libellenarten anlockt.

Ein Themengarten

Auch natürliche Wasserflächen gibt es auf dem ehemaligen Gartenschaugelände: Im 20. Jahrhundert entstand auf dem Areal der einstigen Ziegelei Friedrichsmeyer ein Biotop; auf einer wasserundurchlässigen Tonschicht bildete sich ein großer Teich. Hier kann man in den flachen Uferbereichen Kröten und Frösche beobachten, aber auch Lurche und Libellen, Tag- und Nachtfalter sowie die bei uns heimische Wasserfledermaus.

Doch auch jenseits des Themas Wasser lässt sich die Erlebnislandschaft des Landschaftsparks genießen: Ausruhen und den Blick über die Landschaft schweifen lassen bietet sich an bei der Freilichtbühne; im Sommer finden hier zahlreiche Veranstaltungen auf der Naturbühne statt. Oder man schlendert über die Allee des Weltklimas, einst tragendes gestalterisches Element der Landesgartenschau. Mit ihren 230 Platanen und unterschiedlichen Ideengärten zieht sie sich wie ein langes Band durch den Park und verbindet in Ost-West-Richtung die Städte Bad Oeynhausen und Löhne, gleichzeitig aber auch symbolisch die unterirdischen geologischen Verwerfungslinien, entlang derer die heilenden Solequellen sprudeln.

Der Sprühgarten – die etwas andere Erfrischung

Neben dem Wasserkrater gibt es auch für Kinder noch viele andere spannende Plätze auf dem Gelände der ehemaligen Landesgartenschau zu entdecken: Sie können sich im Irr- Rutsch- und Himmelsgarten tummeln, im Sprühgarten von wassersprühenden Schirmen bespritzen lassen, im Spielgarten auf dem Bodentrampolin hüpfen oder sich auf dem Klettermikado vergnügen. Spaß macht es auch, über die 20 Meter lange Hängebrücke zu hangeln, die sich über den Grund zwischen Irrgarten und Spielgarten spannt. Mit dem Element Wasser spielen kann man am Trockenen Bach. Mittels Pumpe lässt sich hier eine Landschaft mit Wasser fluten oder auf Steinen und Findlingen herumklettern. Höher hinaus geht es im Hochseilgarten neben dem Wasserkrater, der mit sechs verschiedenen Parcours aufwartet.

Abenteuer Hängebrücke

Lage: Bad Oeynhausen liegt etwa zehn Kilometer südwestlich von Minden.

Adresse: Aqua Magica, Bültestraße 50, 32545 Bad Oeynhausen

Aktivitäten:
- Das ganze Jahr über verschiedene Veranstaltungen wie das „Sommerfest der Kleinkunst", das Literaturfest „Poetische Quellen", Boule-Meisterschaften und vieles mehr, *aquamagica.de*
- Hochseilgarten Bad Oeynhausen: Bültestraße 93, 32545 Bad Oeynhausen, *teammotion.de/hochseilgarten-bad-oeynhausen*

Einkehr:
- Aqua Magica Café & Biergarten im Glashaus: auf dem Gelände; Bültestraße 50, 32584 Löhne, *aquamagica.de/park-gastronomie*
- Bistro „Hoch Hinaus": am Klettergarten, mit angrenzendem Biergarten und Blick auf den Hochseilgarten und den Wasserkrater; Bültestraße 93, 32545 Bad Oeynhausen, *teammotion.de/hochseilgarten-bad-oeynhausen*

Website: *aquamagica.de*

15 Fassadengemälde Vlotho

DIE OPEN-AIR-GALERIE

Abwechslungsreich ist die Kunst, die sich bietet, wenn man durch die kleine Weserstadt Vlotho schlendert: Nicht nur Gemälde zählen dazu, sondern auch Collagen und Graffiti, Fotografien und Skulpturen. Und auch die Bandbreite der Aktionsflächen ist groß: Neben Hauswänden findet man Kunstwerke auf Aluminiumplatten, Altkleidercontainern und Stromkästen, an Mauern und in Tunneln, unter der Weserbrücke, am Busbahnhof und am Jugendzentrum. Selbst in Blumenbeeten und an Bäumen findet sich Kunst und auch Schaufenster von leer stehenden Geschäften werden als Ausstellungsräume genutzt.

Vielfältig sind zudem die Motive, die die Künstler verwendet haben: Da finden sich die Zunftzeichen der ehemalig in Vlotho ansässigen Berufsstände, es gibt Triptychons nach Vorlage von alten Postkarten und daneben viele großflächige Fassadenbilder, die zum Beispiel das Motiv Alt-Vlotho aufgreifen oder den sagenhaften Ritter Kurt von Greifenklau, der einst auf der Burg Vlotho gelebt haben soll.

Kunst im öffentlichen Raum – in Vlotho ist das keine Randerscheinung, sondern prägendes Element des Stadtbilds. Nicht umsonst nennt sich der Luftkurort an der Weser KunstwerkStadt, und der Name ist Programm. Überall in der Innenstadt stößt man auf Kunstwerke, die schmunzeln, träumen und staunen lassen, die zum Nachdenken anregen oder an vergangene Zeiten erinnern.

Ein altes Hotel wird durch eine typische Szenerie wieder zum Leben erweckt; ein Geschäft so täuschend echt dargestellt, dass man versucht ist, einen Blick ins Schaufenster zu werfen und einzutreten. Das Gleiche gilt für eine Radiowerkstatt mit surrealistischen Elementen. Es gibt Traummotive und eine Szene aus „Die Tribute von Panem". Innovative Collagen von Frauen haben hier ebenso ihren Platz wie Bilder aus der griechischen Götterwelt. Es

Perspektivwechsel erwünscht – mal Amazone, mal Frauenkopf

gibt Katzen und täuschend echte Hauseingänge, daneben historische Szenen, die an die ehemalige Nutzung von Gebäuden anknüpfen, oder solche, die die Vielfalt Vlothos widerspiegeln.

Zu neuem Leben erweckt – das Traditionshotel Grosskord

Täuschend echt – die gemalte Fassade eines Geschäfts

Auch bemalte Stromkästen tragen dazu bei, langweiliges Grau aus dem Stadtbild zu verbannen und Vlotho bunt zu machen. Von Aquarell bis Fotografie reichen die Techniken der Gestaltung. Hier ist die Vielfalt an Motiven riesig: Blumen und Vögel sind zu finden, Menschen, Gebäude sowie abstrakte Gemälde. Auch Graffiti mit bunten Bildern der Unterwasserwelt, großflächigen Schriftzügen und Bildern an Mauern und Unterführungen gehören zum Gesamtkunstwerk. Darüber hinaus wartet die KunstwerkStadt Vlotho mit verschiedenen Skulpturen auf, mit bunten Fendern, die über der Straße hängen, mit Folienbildern in Fenstern sowie einer kleinen Galerie.

Viele der Kunstwerke bekommt man bei einem Spaziergang durch die Fußgängerzone Lange Straße zu Gesicht; möchte man die Kunstwerke systematisch erkunden und erklärt bekommen, bietet es sich an, dem Innenstadt-Rundweg zu folgen. Eine Broschüre klärt über die einzelnen Werke auf. Über Künstler und Motive Informieren kann man sich aber auch anhand des aufgeführten QR-Codes.

Lohnenswert – der Aufstieg zur Burg

Lage: Vlotho liegt etwa 15 Kilometer nord-östlich von Herford.

Adresse: Fassadengemälde 1, Zum Schelland 2, 32602 Vlotho, dann weiter durch die Fußgängerzone. Die Kunstwerke können jedoch auch in beliebiger Reihenfolge besucht werden.

Aktivitäten:

- Picknicken: Folgt man dem Innenstadt-Rundweg, gelangt man automatisch zum Hafen, wo man auf Picknickbänken direkt an der Weser sitzen kann.
- Burg Vlotho: Eine kleine Wanderung über den Garzweg bzw. Apothekerweg hinauf führt zur Burg. Von hier aus hat man einen fantastischen Blick auf die Stadt und den Fluss; Burgstraße 41, 32602 Vlotho, *burg-vlotho.com*

Website: *vlotho.de/Tourismus-Freizeit/Sehenswürdigkeiten/Innenstadt-Rundweg*

16 Markthalle Herford

EINZIGARTIGE BEGEGNUNGSSTÄTTE

Es gibt nicht mehr viele von ihnen, denn sie sind ein Relikt aus den Zeiten der Industrialisierung, als man die Außenmärkte aus hygienischen Gründen in feste Hallengebäude verlegte. Die meisten dieser Markthallen wurden in den letzten Jahrhunderten geschlossen, doch in Herford steht noch ein wunderschönes, über 100 Jahre altes Exemplar.

Für viele heißt es am Samstagmorgen: Das Fahrrad aus dem Schuppen geholt, Körbchen drangehängt, und ab geht es zum Wochenmarkt. Dort schlendert man dann gut gelaunt an den Ständen entlang, versorgt sich mit frischem Obst und Gemüse, stattet dem Käsehändler und dem Bäcker einen Besuch ab, geht beim Imker vorbei und kauft einen Blumenstrauß. Nebenbei genießt man womöglich noch einen Espresso und lässt das bunte Treiben auf sich wirken. Man schnackt ein wenig mit der Marktfrau über die Vorzüge der alten Apfelsorten, plaudert mit der Nachbarin, die man zufällig trifft, über deren neue Gartenlaube und nascht ein paar Oliven beim griechischen Händler.

Schön saniert – die alte Markthalle

Das alles könnte auch in Herford passieren, aber darüber hinaus hat die kleine Kreisstadt in puncto Markt noch ein Plus zu bieten. Denn an Markttagen sind hier nicht nur etliche Stände draußen auf dem Rathausplatz aufgebaut, sondern auch drinnen, in der dem Rathaus gegenüberliegenden Markthalle, setzt sich das reichhaltige Angebot fort. Über Lebensmittel, Feinkost und

Reges Treiben an den abwechslungsreichen Ständen

besondere kulinarische Spezialitäten hinaus kann man auch Blauhanddruck-Produkte erwerben oder Deko- und Geschenkartikel, die von den Herforder Werkstätten gefertigt wurden. Man kann seine Scheren schleifen lassen, ostdeutsche Spezialitäten entdecken, Ziegenprodukte oder besondere Hoferzeugnisse erwerben. Das Sortiment umfasst ferner auch Seifen und Wellnessprodukte.

Wunderbar aufsaugen lässt sich die lebendige Atmosphäre auch im angrenzenden Gastronomiebereich. Hier kann man schon

Schon früh morgens ein leckeres Frühstück genießen

morgens süß oder salzig frühstücken oder einfach nur einen Kaffee trinken. Mittags bieten einige Stände warme Mahlzeiten mit deftigen, aber auch vegetarischen und griechischen Gerichten an. Ein Rundumservice also, wo neben dem Einkaufs- auch das kulinarische Erlebnis nicht zu kurz kommt.

Schon seit 1883 gibt es in Herford regelmäßig Wochenmärkte und seit über 100 Jahren finden sie unter einem Dach statt. Diese Tradition einer Markthalle ist in Ostwestfalen einmalig. Das alte neobarocke Gebäude wurde während des Ersten Weltkriegs erbaut und zwischenzeitlich als Mehrzweckhalle genutzt. Im Zuge seiner Sanierung führte man es jedoch seiner ursprünglichen Bestimmung wieder zu. Heute lockt die Markthalle mit einem abwechslungsreichen Sortiment an hochwertigen Produkten und einer einzigartigen Atmosphäre. Seit ihrer Neueröffnung im Jahr 2019 ist die Markthalle wieder ein Ort des Genießens und Verweilens, des Erlebens und der Begegnung geworden.

Das alte Flair der Halle ist auch heute noch spürbar

Lage: Herford liegt etwa 15 Kilometer nordöstlich von Bielefeld.

Adresse: Markthalle Herford, Rathausplatz 2, 32053 Herford

Website: *markthalle.herford.de*

HINWEISE:
- Einmal im Monat gibt es freitags den Feierabendmarkt, wo man nicht nur einkaufen, sondern auch lecker essen kann.
- Angrenzend an die Markthalle liegt die Tourist-Information Herford, die über Aktivitäten und Sehenswürdigkeiten in Herford informiert.

Info

17 Holzhandwerksmuseum Hiddenhausen

MEKKA DER HOLZLIEBHABER

Böttcher, Holzschuhmacher, Stellmacher. Das sind Gewerke, die heute kaum mehr ausgeübt werden, die kaum noch jemand kennt. Doch mit dem Holzhandwerksmuseum gibt es einen Ort, wo diesen und anderen alten Formen der Holzbearbeitung ein Denkmal gesetzt wird. Im historischen Ambiente kann man eintauchen in die Welt der fast vergessenen Handwerks-künste.

Ein horizontales Sägegatter – das ist ein Ausstellungsstück des Museums, das Menschen mit einem Faible für alte Maschinen schon draußen in den Bann zieht. Eine lange Geschichte hat das Horizontalgatter hinter sich, wurde es doch zuerst von Ostwestfalen in den Harz verkauft. Als es dort nicht mehr gebraucht wurde, ging es wieder zurück in den Kreis Herford in eine Werkstatt bei Vlotho. Als diese wiederum den Betrieb einstellte, durften die Sammler vom Holzhandwerksmuseum das Gatter abbauen und wieder „nach Hause" holen.

Seltenes Fundstück – ein horizontales Sägegatter

So wie dieses Sägegatter haben viele der über 1500 alten Werkzeuge und Maschinen für die Holzverarbeitung hier im Holzhandwerksmuseum einen würdigen Platz gefunden. Sie veranschaulichen die Zeit der Holzverarbeitung aus der Zeit vor 1955, als noch per Hand gedrechselt, gehobelt, gesägt, gezirkelt und gebohrt wurde, als die industrielle Fertigung noch nicht über das manuelle Handwerk gesiegt hatte.

Dass diese beeindruckende Ausstellung zustande kam, in der man sogar eine alte Tischlerwerkstatt im Originalzustand besichtigen kann, ist passionierten Holzliebhabern zu

Etwas für Liebhaber – die Holzbildhauerei

Der Profi zeigt, wie es geht – Günter Wörmann hat selbst im Holzhandwerk gearbeitet

verdanken, die Mitte des 20. Jahrhunderts damit begannen, alte Werkzeuge und Maschinen für die Holzbearbeitung zusammenzutragen. Aus Privatbesitz, von Tischlereien und Werkstätten kamen die Spenden, und nach und nach häuften sich die Gerätschaften – ein Ort musste her, wo diese gelagert und gezeigt werden konnten. Über einen Förderverein fand man mit den beiden Zehntscheunen auf Gut Hiddenhausen geeignete Gebäude, um eine Ausstellung zu beherbergen. Nach aufwendigen Restaurierungsarbeiten wurde dann im Jahr 1997 das Holzhandwerksmuseum eröffnet.

Seitdem finden sich jüngere und ältere Holzbegeisterte im Museum ein. Für Ältere hat der Besuch oftmals einen nostalgischen Charakter: Teilweise entdecken sie Werkzeuge, die sie noch von früher kennen; junge Besucher können ausprobieren, wie es sich anfühlt, mit dem Werkstoff Holz zu arbeiten. Denn im Museum kann man auch selbst Hand anlegen, an besonders bezeichneten Tischen sägen, hobeln und schleifen.

Nach getaner Arbeit lässt sich wunderbar im Park der denkmalgeschützten barocken Hofanlage des Gut Hiddenhausen entspannen. Sonntags lockt hier das Café in der Alten Werkstatt – vormittags mit Frühstücksbuffet, nachmittags mit leckerem Kaffee und Kuchen.

Lage: Hiddenhausen liegt etwa sechs Kilometer nördlich von Herford.

Info

Adresse: Holzhandwerksmuseum Hiddenhausen, Maschstraße 16, 32120 Hiddenhausen

Einkehr:
- Café Alte Werkstatt: Maschstraße 18, 32120 Hiddenhausen, *cafe-hiddenhausen.de*

Website: *holzhandwerksmuseum.de*

18 Hücker Moor

BEACHFEELING IM MOORSTRAND HAUS

Große, bunte Sonnenschirme, darunter Liegestühle, nett drapiert um kleine Beistelltischchen. Das alles auf feinem weißem Sand, der förmlich dazu einlädt, aus den Schuhen zu schlüpfen und die Zehen darin zu vergraben. Wenn man dann noch den Blick über Wasser und Palmen schweifen lässt, wird die Strandillusion fast perfekt.

Schließt man die Augen, könnte man im Moorstrand Haus mit ein bisschen Fantasie statt am Rand eines kleinen Torfsees im Kreis Herford auch an einem echten Strand am Meer sitzen, seinen Cocktail statt im bedächtigen Ostwestfalen an einem pulsierenden Küstenort genießen. Über diese Illusion hinaus bietet das Moorstrand Haus für jeden Geschmack die passende Zutat für einen perfekten Strandtag: kalte und warme Getränke, Kaffee und Kuchen, kleine Speisen und Snacks.

Das Beachfeeling am Hücker Moor gibt es noch nicht lange. Erst im Jahr 2021 wurde aus dem ehemaligen „Moorstübchen", wo Kaffee und Kuchen sowie geselliges Beisammensein beim „Oldie-Schwoof" im Saal großgeschrieben wurde, eine hippe Location zum Chillen. Diese ist bei Jung und Alt beliebt: Für Familien mit Kindern ist das Strandhaus mit Bootsverleih und Spielplatz ein schönes Ausflugsziel; aber auch viele Radfahrer nutzen die großzügig angelegte Gastronomie als willkommenen Zwischenstopp.

Beachfeeling mit Blick auf den See

Denn auch auf dem Steg direkt am See kann man Platz nehmen, an den Tischen auf der Außenterrasse oder im überdachten Loungebereich.

Wer sich dann doch mal aus seinem Liegestuhl erheben und noch etwas mehr von der Location sehen möchte, der kann sich auf einen kleinen Pfad am Rand des Moorsees begeben. Hier gibt es Hinweistafeln zu den Besonderheiten des Gewässers, zu Flora und Fauna. Auch kleine Abstecher auf die sogenannten Torfnasen sind möglich, die von der Vergangenheit des Sees als Torfabbaugebiet zeugen. In der Mitte des 19. Jahrhunderts wurde der Torf-

Reinspringen und lospaddeln ...

stich aus wirtschaftlichen Gründen eingestellt, die entstandene Senke füllte sich mit Wasser und bildete nach und nach den späteren Moorsee.

Bootfahren ist hier auf der circa 11 Hektar großen Wasserfläche ein sehr beliebter Freizeitsport, ist es doch die einzige Möglichkeit dazu im Kreis Herford. Ausleihen kann man sich die Paddelboote an einer der drei Gaststätten am Seeufer. Und auch die Freunde des passiven Wassersports haben hier einen Platz gefunden: Sonntags treffen sich die „Schiffsmodellfreunde Hücker Moor" mit ihren ferngesteuerten Schiffen vor der Gaststätte „Seerose", um ihre Modelle auszuprobieren.

Das Nordufer des Moorsees ist durch Spazierwege und gastronomische Betriebe erschlossen; die anderen Ufer hingegen können nicht begangen werden. Sie unterliegen teilweise dem Naturschutz, denn das Hücker Moor bietet mit seinen Feuchtwiesen-, Röhricht-, Hochstauden- und Waldgesellschaften vielen Vogelarten sowie Schmetterlingen, Schnecken, Muscheln, Fledermäusen und Amphibien einen Lebensraum.

Bootfahren – eine beliebte Beschäftigung auf dem See

Lage: Das Hücker Moor bei Spenge liegt etwa 13 Kilometer nordwestlich von Herford.

Info

Adresse: Moorstrand Haus, Moorstraße 10, 32139 Spenge

Aktivitäten:

- Wanderung: um das Moor, Länge etwa fünf Kilometer, *kreis-herford.de/UND-BEWEGEN/Umwelt-Natur-und-Klima-schützen-Abfall-entsorgen/Naturkundlich-historische-Wanderungen-/Um-das-Hücker-Moor-in-Spenge*

Website: *facebook.com/p/MOORSTRAND-HAUS-100072098264977*

Bielefeld

Dahlienschau vor dem Schinkel-Pavillon im Nordpark

Bielefeld

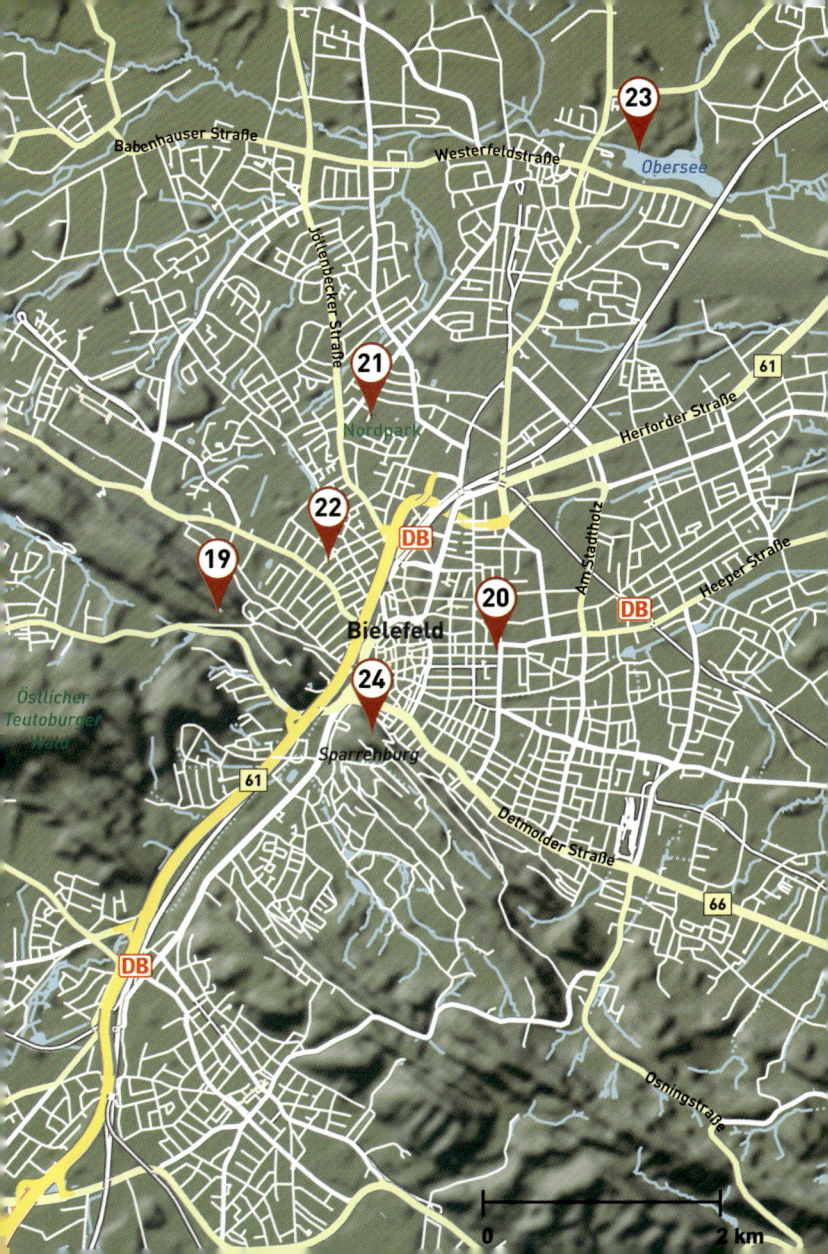

19 Café im Bauernhausmuseum Bielefeld

KAFFEE UND KUCHEN IN HISTORISCHEM AMBIENTE

Sonntags ins Museum gehen? Klar, macht man mal. Nach „getaner Arbeit" im Museumscafé noch einen Kaffee trinken? Auch das ist nicht ungewöhnlich. Doch selten sitzt man dabei mitten in einem der ältesten Freilichtmuseen Westfalens.

Gemütlich Kaffee trinken zwischen Speicher und Scheune

Nicht nur der Ort des Cafés in einer historischen Scheune aus dem Jahr 1695 ist besonders, sondern auch dessen Lage. Denn es befindet sich im Herzen einer Anlage, deren Gebäude von diversen Höfen Westfalens stammen und vor Ort nach historischem Vorbild wiederaufgebaut wurden.

Im Café mit rustikalem Fachwerkhaus-Flair gibt es selbst gemachte Torten und Kuchen, aber auch typisch westfälische Gerichte wie herzhaften und süßen Pickert oder andere kleine Köstlichkeiten sowie Getränke. Diese kann man genießen ohne weiter in das historische Ambiente einzutauchen – der Besuch des Cafés beinhaltet keinen Museumsbesuch und kostet somit keinen Eintritt.

Ist man aber neugierig geworden, so bieten die weiteren acht historischen Hofgebäude reichlich Gelegenheit, in das ländliche Leben vor 150 Jahren einzutauchen. Im Haupthaus Möllering zum Beispiel, wo es nicht nur eine offene Feuerstelle gibt, sondern wo man auch eine originalgetreue Einrichtung anschauen kann, so wie sie um 1850 ausgesehen hat. Oder im Backhaus, in dem auch heute noch gebacken wird. Oder im Spieker, in dem früher Getreide gelagert wurde, heute aber zwei Ausstellungen die Probleme älterer Menschen auf dem Lande in der Mitte des 19. Jahrhunderts inszenieren. Auch lernt man hier etwas über die Abgaben und Dienste der Landbewohner, die sie an den Grundherren, die Kirche und den Adel zu leisten hatten.

Das Bienenhaus stammt original aus Bad Sassendorf und beherbergt auch heute noch ein bis drei Bienenvölker im Bienenstand. Ein besonderes Ausstellungsstück ist die Bokemühle, die durch ein umlaufendes Pferd angetrieben wurde und somit eine der seltenen Rossmühlen war. Auch eine Windmühle gehört natürlich

Die alte Bockwindmühle

zum Hofensemble; die Bockwindmühle hier (abgeleitet von dem hölzernen Bock, auf dem sie steht) war eine Getreidemühle. Museumspädagogische Veranstaltungen werden im ehemaligen „Fischerhaus" durchgeführt, ein Wohnhaus aus dem 16. Jahrhundert, in dem einst Schiffer und Fischer aus Vlotho wohnten. Als einziges Gebäude der Museumsanlage steht Olderdissens Kotten noch an seinem Original-Standort. Dieser war in früheren Zeiten das Doppelheuerlingshaus des Hofes Meier zu Olderdissen, dem heutigen Heimat-Tierpark. Die Scheune schließlich, in der heute das Café untergebracht ist, stand ursprünglich in Rödinghausen in ähnlicher Weise dem Haupthaus von 1590 gegenüber wie heute im Bauernhausmuseum. Hauptsächlich wurden in ihr Wagen und Ackergerätschaften aufbewahrt.

Neben den historischen Gebäuden an sich vermitteln auch die Dauerausstellungen einen guten Einblick in das Landleben um

1850: über Pferde und Kühe, Essen und Wohnen, die Garn- und Leinenproduktion, die Vorratshaltung, den Brautschatz, die Leibzucht oder das Auswandern nach Amerika.

Um die Besichtigungstour abzurunden, kann man auch durch die schönen Gärten streifen, die nach populären Vorstellungen des 18. und 19. Jahrhunderts gestaltet wurden.

Alte Traditionen anschaulich gezeigt

Info

Lage: Das Bauernhausmuseum liegt im Westen Bielefelds.

Adresse: Bauernhausmuseum Bielefeld, Dornberger Straße 82, 33619 Bielefeld

Aktivitäten:
- Heimat-Tierpark Olderdissen: in unmittelbarer Nähe des Bauernhausmuseums; Dornberger Straße 147b, 33619 Bielefeld, *bielefeld.de/tierpark*

Websites:
- *bielefelder-bauernhausmuseum.de/museum/cafe/*
- *bielefelder-bauernhausmuseum.de*

HINWEIS: Auf dem Areal des Bauernhofmuseums finden regelmäßig Sonderausstellungen sowie erlebnispädagogische Angebote, Themenführungen, Märchennachmittage, Ferien- und Familienprogramme statt. Außerdem lässt sich das Areal selbstständig mithilfe einer Museumsführer-App oder der Smartphone-Anwendung „Actionbound" erkunden.

20 Museum Wäschefabrik

EIN BEGEHBARES INDUSTRIEDENKMAL

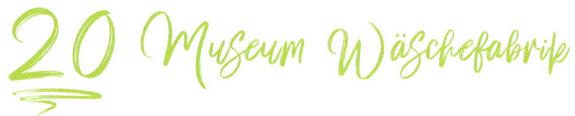

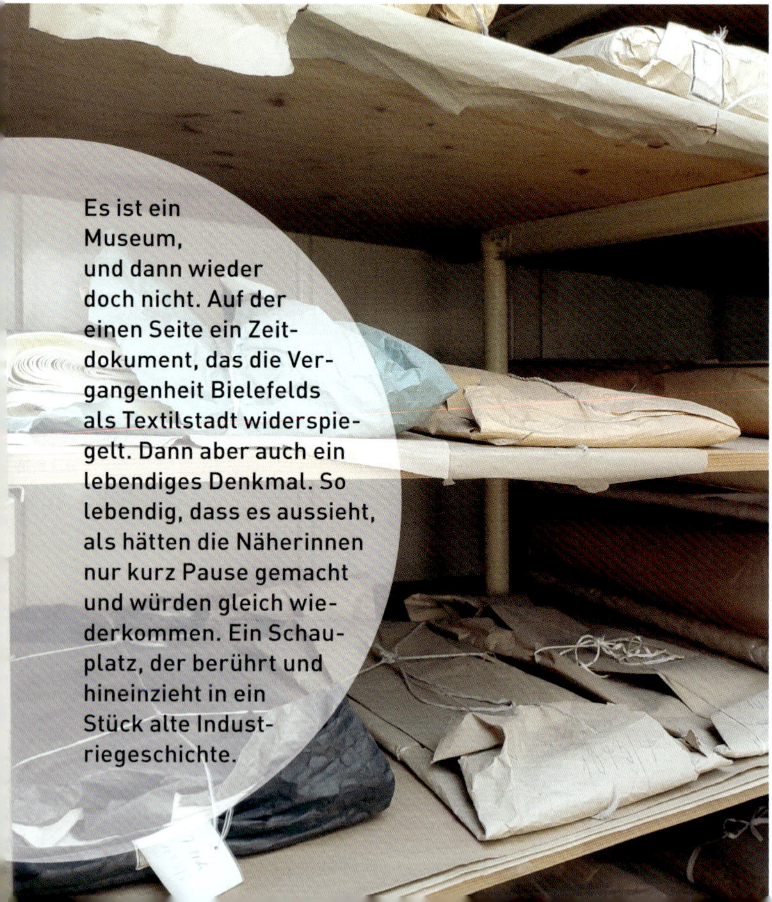

Es ist ein Museum, und dann wieder doch nicht. Auf der einen Seite ein Zeitdokument, das die Vergangenheit Bielefelds als Textilstadt widerspiegelt. Dann aber auch ein lebendiges Denkmal. So lebendig, dass es aussieht, als hätten die Näherinnen nur kurz Pause gemacht und würden gleich wiederkommen. Ein Schauplatz, der berührt und hineinzieht in ein Stück alte Industriegeschichte.

Was für ein Glück, dass es sie noch gibt, die alte Wäschefabrik der Gebrüder Winkel! Denn in den letzten Jahrzehnten des vorigen Jahrhunderts wurden hier nur noch gelegentlich einige der Maschinen im Näh- und Sticksaal in Betrieb genommen; die Ära der Wäscheproduktion in Bielefeld war zu Ende gegangen.

Schon seit den 1960er-Jahren hatte es immer weniger Aufträge zum Nähen von Bett- und Tischwäsche, von Nacht- und Unterwäsche sowie von Damenblusen und Herrenhemden gegeben. Schuld daran war unter anderem die Erfindung

Wäschefabrik Winkel – eine Firma mit Tradition

der Waschmaschine, die das kurzfristige Waschen möglich machte. Damit wurde die große Aussteuer überflüssig, die einst das Kerngeschäft des Wäschebetriebes ausgemacht hatte. Auch das im Jahr 1957 verabschiedete Gleichberechtigungsgesetz von Mann und Frau trug zum Niedergang des Wäschegeschäfts bei, denn durch dieses Gesetz entfiel das vormals verbriefte Recht der Töchter auf eine von den Eltern finanzierte Aussteuer. Hauptsächlich jedoch führte die Auslagerung der Produktion in Billiglohnländer hier wie auch anderswo zum Niedergang der Textilindustrie. Die Mitarbeiterinnenzahl der einst florierenden Wäschefabrik schrumpfte daraufhin von 40 Näherinnen in der Blütezeit der Aussteuerproduktion auf ganze vier plus einer Buchhalterin zum Ende der 1970er-Jahre.

Das Herzstück der Wäschefabrik – der alte Nähsaal

Die Buchhaltung

Doch noch heute ist der Geist dieser einst florierenden Näherei und Stickerei der „Vereinigten Wäschefabriken Th. und G. Winkel" spürbar, sind doch die Maschinen, das Mobiliar und das ganze Inventar der Produktionsstätte seit 1962 im Originalzustand erhalten geblieben. Mehr noch: Es sieht so aus, als sei der Betrieb nie geschlossen worden – die Fäden sind noch eingefädelt, halbfertige Wäschestücke liegen auf den Tischen, im Büro sind alte Ordner aufgeschlagen. Hintergrundinformationen zu den jeweiligen Räumlichkeiten und den Arbeitsbedingungen werden an den Originalarbeitsplätzen über Monitore gegeben.

Doch in den Bann zieht nicht nur die alte Produktionsstätte, sondern auch die Geschichte ihrer ehemaligen Besitzer, der jüdischen Gründerfamilie Juhl. Eine Medienpräsentation im Eingangsbereich verdeutlicht anschaulich die wechselvollen Lebensläufe der Wäschefabrikanten. Die Vergangenheit lebendig werden lassen auch Kurzfilme mit Zeitzeugen aus dem Unternehmen.

Die Wäschefabrik von außen

Dass es diese einmalige Produktionsstätte überhaupt noch gibt, ist der Initiative eines Fotografen zu verdanken, der das Gebäude im Jahr 1986 entdeckte. In der Folge gründete sich ein Förderverein, das Gebäude wurde unter Denkmalschutz gestellt und zum Museum umgestaltet. Die

Atmosphäre des Originalschauplatzes ist so authentisch, dass hier sogar Szenen in einem Nähsaal der 1920er-Jahre für den Film „Sturmzeit" gedreht wurden.

Lage: Die ehemalige Wäschefabrik liegt in Bielefeld-Mitte.

Adresse: Museum Wäschefabrik, Viktoriastraße 48a, 33602 Bielefeld

Aktivitäten:

- Das Museum befindet sich im ehemaligen Spinnereiviertel; in unmittelbarer Nähe lässt sich die alte Ravensberger Spinnerei, die ehemals größte Flachsspinnerei des europäischen Kontinents (heute Standort der Volkshochschule) im Ravensberger Park besichtigen. Zur Geschichte des Gebäudes der ehemaligen Ravensberger Spinnerei kann die Dauerausstellung „Von der Spinnerei zur VHS" im Treppenhaus des Gebäudes erkundet werden. Eine Actionbound App lädt dazu ein, die Ausstellung und das Gelände spielerisch zu erkunden: *actionbound.com/bound/aufdenspureneinerspinnerin*
- Historisches Museum Bielefeld: Wissenswertes über die Industriegeschichte; Ravensberger Park 2, 33607 Bielefeld, *historisches-museum-bielefeld.de*
- Kesselbrink: einer der größten innerstädtischen Bike- und Skateparks Europas, liegt in unmittelbarer Nähe des Museums Wäschefabrik.

Einkehr:

- Hotel Restaurant Bartsch: Viktoriastraße 54, 33602 Bielefeld, *hotel-restaurant-bartsch.de*

Website: *museum-waeschefabrik.de*

HINWEIS: Erkunden lassen sich historische Stätten der Textil-, Wäsche- und Bekleidungsindustrie Bielefelds mittels der App „Textielefeld", *textielefeld.museum-waeschefabrik.de*

21 Nordpark

DUFTOFFENSIVE

Es gibt diverse Gründe, um den Nordpark in der Innenstadt Bielefelds zu besuchen: üppige Rasenflächen, zahlreiche Rundwege, alte Bäume, farbenfrohe Beete, ein Minigolfplatz, Spiel- und Liegewiesen. Daneben ein Teich mit Wasserfontäne sowie ein Spielplatz und ein idyllisches Café. Ganz besonders machen die grüne Oase in der Stadt jedoch die zahlreichen Blumen.

Schon Ende der 1930er-Jahre entstand die Parkanlage im Norden von Bielefeld. Die Freiflächen zwischen der stetig wachsenden Bebauung sollten der Erholung dienen. Dies ist auch heute noch so. Betritt man das mittlerweile zum Landschaftspark umgebaute, circa sieben Hektar große Areal, trifft man auf unzählige Bürger, die hier ihre Freizeit verbringen, die picknicken, grillen, Federball oder Minigolf spielen, sich sonnen, Bücher lesen, am Teich sitzen und Enten beobachten oder hier ihre Mittagspause verbringen, auf einer Bank sitzen und ihr Brot essen. So weit trifft das auf viele Parks zu.

Immer ein kleines Schauspiel – die Fontäne

Doch will man der Besonderheit dieses Erholungsareals auf die Spur kommen, muss man sich den Pflanzen zuwenden. Neben zahlreichen beschilderten Laubgehölzen findet man spezielle Anlagen auf dem Gelände, die besonders blühenden Gewächsen gewidmet sind.

Dazu zählt ein Rosengarten mit 25 verschiedenen Rosenarten. Darunter befinden sich unter anderem Wildrosen und Hundertblättrige Rosen, Moosrosen und Bourbon-Rosen. Das Besondere an allen Rosenarten: Es handelt sich um edle, historische Rosen, die stärker riechen als die gezüchteten Nachfolger. Sie blühen nur einmal im Jahr, von Mitte Mai bis Ende Juni. Eine Infotafel am Eingang des Rosenparks klärt über die einzelnen Sorten sowie die Rose allgemein auf.

Blühende Baumriesen

Doch nicht nur wegen der Rosen lohnt es sich, den Nordpark zu besuchen. Star des Parks sind auch die Dahlien, die im Spätsommer blühen und die in einer Dahlienschau in 60 Beeten mit 60 verschiedenen Sorten präsentiert werden. Mit dabei sind Kaktus-Dahlien, Semikaktus- und Mignon-Dahlien, Simplex-, Wild- sowie Pompon-Dahlien. Auch hier steht ein Schaukasten mit Informationen über die verschiedenen Sorten zur Verfügung.

Bemerkenswert ist darüber hinaus ein über 130 Jahre alter Tulpenbaum mit knapp fünf Meter Stammumfang, der als Naturdenkmal ausgewiesen ist.

Auch ein Bauwerk zieht die Blicke auf sich. Mitten im Park steht nämlich der sogenannte Schinkel-Pavillon, ehemals das Gartenhaus der Osthoffschen Villa an der

Rosenzauber

Detmolder Straße. Nach der Zerstörung der Villa während des Zweiten Weltkriegs sollte auch das „Kleine Teehaus" abgerissen werden, wurde jedoch im Rahmen einer Denkmalschutzaktion erhalten und in den Nordpark versetzt. Das Bauwerk, das im Jahre 1830 vermutlich von einem Schüler des berühmten Baumeisters Schinkel gebaut wurde, steht unter Denkmalschutz und beherbergt heute ein Café und eine Tapas Bar.

Info

Lage: Der Nordpark liegt im nördlichen Zentrum Bielefelds.

Adresse: Nordpark, Paul-Meyerkamp-Straße , 33613 Bielefeld

Aktivitäten:
- Filzgolfanlage Nordpark: Bünder Straße 25a 33613 Bielefeld, *minigolf-bielefeld.de/nordpark*

Einkehr:
- Nordpark Restuarant: Café & Tapasbar; Bünder Straße 75b, 33613 Bielefeld, *nordpark-restaurant.de*

Website: *bielefeld.jetzt/tipp/nordpark*

OUTDOOR-FEELING IM BIELEFELDER WESTEN

Raus an einem lauen Sommer-abend? Biergarten-atmosphäre genießen inmitten der bunten, quirligen Studenten-szene? In einer alten Straßenbahn seinen Drink bestellen? Das alles ist möglich auf dem Sieg-friedplatz in Bielefeld. Hier setzt man sich an einen der Biertische oder lässt sich direkt auf dem roten Ziegelpflaster nieder.

Markttag

Der nahezu dreieckige Platz – von Bielefeldern liebevoll „Siggi"
genannt – befindet sich im Westen des Stadtbezirks Mitte zwischen der Siegfriedstraße und der Weststraße. Der Westen gilt als
buntes Studentenviertel mit vielen verschiedenen Nationalitäten.
Die Universität liegt nur ein paar Haltestellen entfernt und auch in
die Innenstadt ist es nur einen Katzensprung – darum herrscht auf
und um den Siggi stets munteres Treiben: Hier ist immer was los.

Dass der Platz zu einem beliebten Treffpunkt geworden ist, dafür
sorgen natürlich auch die regelmäßigen Wochenmärkte am Mitt-
woch- und Freitagvormittag mit einer Vielzahl von Ständen. Von
März bis Oktober wird außerdem einmal im Monat ein Floh- und
Trödelmarkt veranstaltet, der seinen Namen auch tatsächlich
noch verdient. Statt neuem, billigem Ramsch wird hier Altes und

Aussortiertes verkauft; statt professionellen Gewerbetreibenden steht die lokale Bevölkerung hinter den Tapeziertischen und versucht, ein wenig Platz in den Schränken zu schaffen. Klar, dass da der eine oder andere Plausch zustande kommt.

Doch es gibt noch mehr nette Aktionen auf dem Siggi: der kleine, aber feine Weihnachtsmarkt zum Beispiel sowie das Stadtteilfest, bei dem die lokalen Bewohner zusammenkommen.

Für die einzigartige Atmosphäre des Platzes sorgen aber nicht nur die Menschen, die sich hier gerne und regelmäßig treffen, sondern auch die Gründerzeitbauten der angrenzenden Straßen, die umgebenden Geschäfte und Gastronomiebetriebe. Urige Kneipen haben hier ebenso ihre Heimat wie Läden, in denen exquisiter Kaffee, Wein oder veganer Döner serviert werden. Schaut man sich genauer die Häuser im Umfeld des Platzes an, so kann man außerdem viele spannende Graffitis und Wandmalereien entdecken. Ein kleiner Spielplatz ergänzt die Vielfalt rund um den Siggi.

Kunst drumrum – Fassadenmalerei

Dazu kommt mit der „Alten Bürgerwache" ein Gebäude, das dem Platz ein ganz besonderes Flair gibt. Früher beherbergte es eine Polizeiwache, heute dient es als soziokulturelles Zentrum, Veranstaltungsort und gastronomische Lokalität; an Markttagen gibt es hier ein warmes Marktklönessen zu günstigen Preisen.

Der alte Straßenbahnwagen mit Ausschank, die gelbe Supertram, setzt einen zusätzlichen Akzent auf dem Platz. Betrieben wird sie von der Gaststätte „Der Koch", die nicht nur kleine und große Speisen bereit hält, sondern auch selbst gemachtes Eis.

Auch abends ist hier noch was los

Lage: Der Siggi liegt im Westen des Zentrums von Bielefeld.

Info

Adresse: Siegfriedplatz, 33615 Bielefeld

Aktivitäten:
- Es gibt spezielle Stadtrundgänge, bei denen man die Graffitis in Bielefeld erkunden kann: *bielefeld-guide.de/lifestyle/street-art-in-bielefeld*
- Alte Bürgerwache: *bi-buergerwache.de/buergerwache.html*

Einkehr:
- Der Koch: Rolandstraße 15, 33615 Bielefeld, *derkoch.de*
- Suutje: Siegfriedstraße 11, 33615 Bielefeld, *suutje-bielefeld.de*

Websites:
- *bielefeld.jetzt/tipp/siegfriedplatz*
- *rundumdensiggi.de*

23 Seekrug am Obersee

PICKERT MEETS BEACH CLUB

Beachparty und Hüttengaudi, Kneipenquiz und Kochduell, Comedy und Lichtzauber – das sind nur ein paar der Aktionen, die man im und am Seekrug erleben kann. Doch die vielfältigen Angebote an Bielefelds größter Wasserfläche bilden nur eine Facette der alteingesessenen Gaststätte ab.

Der Obersee ist ein beliebtes Naherholungsgebiet in Bielefeld-Schildesche. Rund um den künstlich angelegten Stausee lässt sich wunderbar spazieren und joggen; Spielplätze, Bänke und Aussichtsplattformen laden zum Entspannen ein. Die Gaststätte Seekrug macht den Besuchern auch kulinarisch ihren Aufenthalt schmackhaft und lockt mit besonderen Angeboten.

1994 wurde das Haupthaus am Obersee wieder aufgebaut, nachdem es zuvor abgetragen und im Freilichtmuseum Detmold eingelagert worden war. Seit nunmehr gut 25 Jahren betreibt die Familie Schulz das Etablissement und zieht ein vielfältiges Publikum an: von Ausflüglern bis hin zu Hochzeitsgesellschaften reicht die Besucherpalette.

Wenn gerade keine Veranstaltung stattfindet, ist die Traditionsgaststätte am Ufer des Obersees ein großer, netter Biergarten mit überdachter Remise auf der einen Seite und Beach Club mit Volleyballfeld auf der anderen. Draußen lässt sich mit Blick aufs Wasser schön sitzen und entspannen. Im Winter kann man sich im Außenbereich auch im Weihnachtsdorf vergnügen, das mit Weihnachtsmarkt-Atmosphäre, heißen Getränken und feierlicher Beleuchtung für eine schöne Stimmung sorgt. Im Haupthaus wartet rustikales Ambiente gepaart mit Bauernhofcharme; Holz mit Fachwerk.

Beachfeeling in der Düne 13

Spezialität des Hauses ist der Pickert, das ostwestfälische Nationalgericht aus Kartoffeln. Diesen gibt es entweder traditionell als Hefe- oder Lappenpickert in diversen Variationen: mit Rübenkraut oder Apfelmus, Marmelade oder Leberwurst, Schinken oder Lachs. Oder ganz neu interpretiert als Vorspeise nach Art der Bruschetta mit Tomatenwürfeln, Zwiebeln und Pesto, als Pickertecken süß oder deftig, als Vorspeisenplatte, zum Dippen oder als Würfel. Eine Entwicklung vom Arme-Leute-Mahl zum Lifestyle-Snack also.

Pickert picks – die trendige Vorspeise

Info

Lage: Der Obersee liegt im Norden Bielefelds.

Adresse: Der Seekrug, Loheide 22a, 33609 Bielefeld

Aktivitäten:

- Discgolf: Scheiben täglich zu den Öffnungszeiten des Seekrugs ausleihbar; *tus-ost.de/discgolf*
- Minigolf: *minigolf-bielefeld.de/am-obersee-2*
- Pickert Diplom: Im Rahmen einer besonderen Veranstaltung kann man tief in die Zubereitung und Geschichte des Pickerts eintauchen – nebst Pickert-Buffet; *seekrug.com/pickert*

Website: *seekrug.com*

24 Sparrenburg Bielefeld

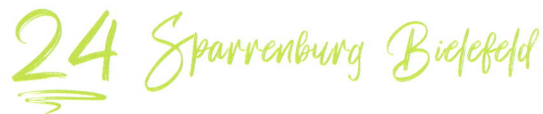

BURGBLICKE DER EXTRAKLASSE

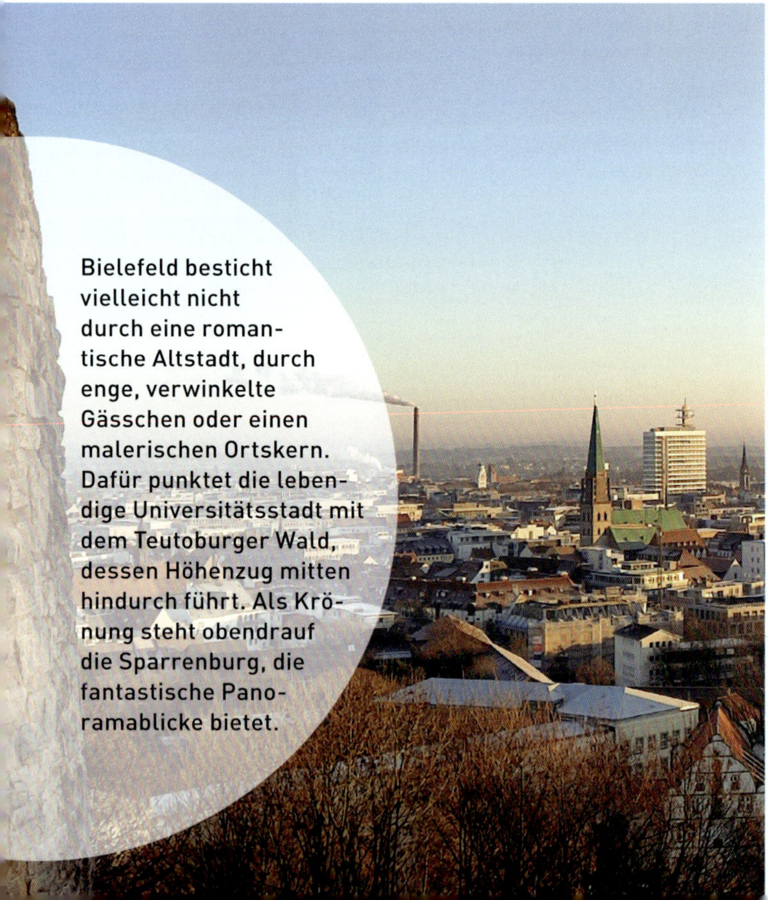

Bielefeld besticht vielleicht nicht durch eine romantische Altstadt, durch enge, verwinkelte Gässchen oder einen malerischen Ortskern. Dafür punktet die lebendige Universitätsstadt mit dem Teutoburger Wald, dessen Höhenzug mitten hindurch führt. Als Krönung steht obendrauf die Sparrenburg, die fantastische Panoramablicke bietet.

Die Sparrenburg

Es ist, wie es immer so ist mit den Blicken: Bevor man hinunter gucken kann, muss man erst mal hinaufsteigen. Bei der Sparrenburg ist das nicht anders. Doch anders als bei vielen Burgen, die einsam auf Bergkuppen thronen, befindet sich die Sparrenburg nur einen Katzensprung von der Altstadt Bielefelds entfernt. Innerhalb einer Viertelstunde kann man beispielsweise von der Kunsthalle aus auf den 180 Meter hohen Sparrenberg steigen und dort die weitläufige Anlage der Sparrenburg erkunden.

Die mittelalterliche Burg diente ursprünglich als Verwaltungs- und Wohnsitz der Grafen von Ravensberg. Von hier sicherte man den Pass durch den Teutoburger Wald und schützte die Stadtneugründung Bielefeld. Es folgte eine bewegte Geschichte mit vielen Nutzungs- und Besitzwechseln, mit dem Ausbau zu einer neuzeitlichen Festung, und später dem Verfall und dem Schleifen der Burg. Doch in der Mitte des 19. Jahrhunderts wurde die Sparrenburg im Zuge der sogenannten Burgenromantik neu entdeckt. Sie avancierte zum historischen Denkmal und Wahrzeichen von Bielefeld. Daraufhin ließ man auch den verfallenen Turm wieder aufbauen, der heute bis zur Oberkante der Zinnen gut 30 Meter misst. Von diesem bietet sich der Blick der Blicke, eine 360-Grad-Panoramasicht, bei der man nicht nur auf Bielefeld hinabschaut, sondern auch über den Teutoburger Wald und bei gutem Wetter bis zum Wiehengebirge.

Als besonderes Angebot kann man bei der Touristeninformation eine exklusive Turmbesteigung mit einem „ostwestfälischen" Picknick buchen. Für eine Stunde wird dann der Turm für andere Besucher gesperrt und nur die eigene Gruppe oder die Zweier-konstellation mit Lieblingsmensch kann sich fühlen wie die Burgherren bzw. -frauen persönlich und einzigartige Aussichts-momente erleben. Dabei lässt sich – je nach Wetter im oder auf dem Turm – ein Picknickkorb genießen, der bestückt ist mit belegten Broten und Salaten, Süßspeisen und Getränken.

Doch auch wenn man dieses exklusive Angebot nicht wahr-nehmen möchte, bietet die Sparrenburg genug Potenzial, um eine aussichts- und erlebnisreiche Zeit zu verbringen. Sei es, indem man von den verschiedenen Rondells die vielen Facetten Bielefelds aus unterschiedlichen Perspektiven betrachtet, man

Den Blick über Bielefeld gemeinsam genießen

das Burggelände mit Brunnen und Zeughaus erkundet oder durch den Burginnenhof schlendert und im dortigen Restaurant die einzigartige Atmosphäre über den Dächern der Stadt genießt.

Lohnenswert ist auch ein Spaziergang entlang der Promenade, denn auch von hier bietet sich ein unvergleichlicher Blick auf die Stadt. Zudem kann man auf einer der Wiesen oder der Waldliegen Platz nehmen und wunderbar picknicken.

Auch von unten imposant – der Turm

Lage: Die Sparrenburg liegt in Bielefeld-Mitte.

Adresse: Burg und Festung Sparrenberg, Am Sparrenberg 40, 33602 Bielefeld

Aktivitäten:
- Vor einem Besuch können diverse Themenführungen gebucht werden.
- Kinder können eine Burgrallye machen: *bielefeld.jetzt/sparrenburg#toc-sparrenburg-rallye-f-r-kinder*

Einkehr:
- Restaurant Sparrenburg: Am Sparrenberg 38a, 33602 Bielefeld, *restaurant-sparrenburg.de*

Website: *bielefeld.jetzt/sparrenburg*

Info

Kreis Gütersloh und
Kreis Paderborn

Stadtpark Gütersloh

Kreis Gütersloh und Kreis Paderborn

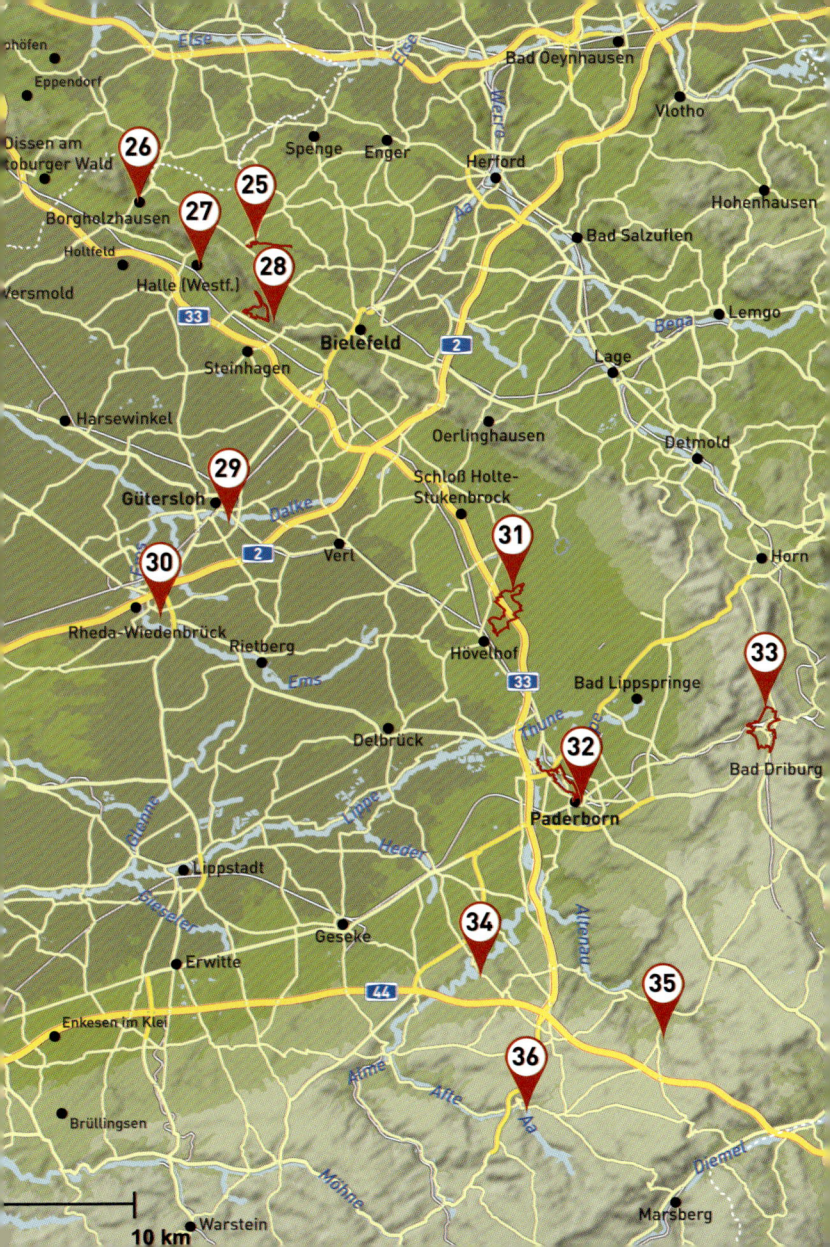

25 Böckstiegel-Pfad

WO WESTFALEN EXPRESSIONISTISCH WURDE

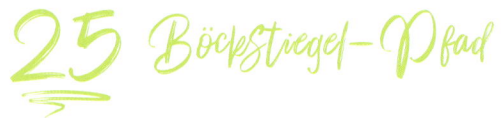

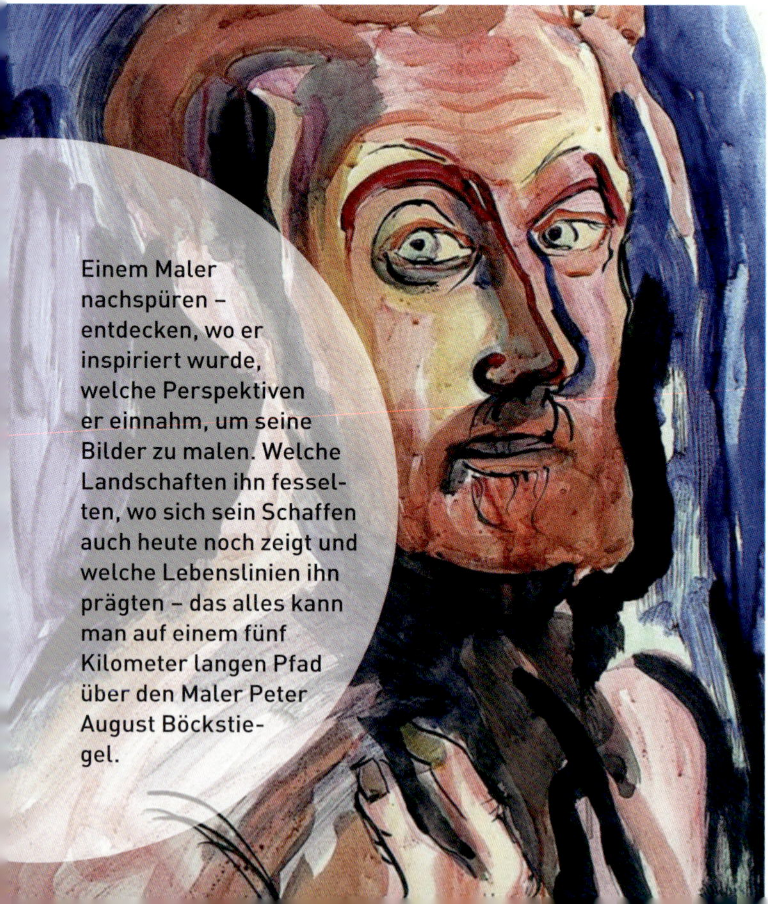

Einem Maler nachspüren – entdecken, wo er inspiriert wurde, welche Perspektiven er einnahm, um seine Bilder zu malen. Welche Landschaften ihn fesselten, wo sich sein Schaffen auch heute noch zeigt und welche Lebenslinien ihn prägten – das alles kann man auf einem fünf Kilometer langen Pfad über den Maler Peter August Böckstiegel.

Der Künstler, der 1889 in Werther geboren wurde und 1951 dort starb, gilt als Repräsentant des Westfälischen Expressionismus. Sein Werk umfasst ein großes Spektrum künstlerischer Ausdrucksformen: Es reicht über eine Vielzahl von Gemälden, Aquarellen, Zeichnungen und Druckgrafiken bis hin zu Mosaiken, gestalteten Glasfenstern, Skulpturen, Reliefs und farbigen Möbeln. Auch schließt es die künstlerische Gestaltung seines Elternhauses mit ein.

Das Leben und Werk des Peter August Böckstiegel entdecken kann man anhand von 17 Stationen auf einem Weg von der Innenstadt Werthers über den Wohnort des Künstlers in Arrode bis nach Deppendorf. Auf einer geführten oder individuellen Tour, mit dem Fahrrad oder zu Fuß, gelangt man so auch zum Museum des Malers, wo einige seiner Werke ausgestellt sind.

Das neue Museum

Von Böckstiegel gestaltete Grabmale und Plastiken sind genauso Teil der Strecke wie Impressionen von Landschaften, die schon zu Lebzeiten des Künstlers existierten und als Inspirationsquelle dienten. Auch Ausbildungs- und Arbeitsstätten sind Stationen auf dem Böckstiegel-Pfad. So liegen nicht nur seine ehemalige

Felder als zentrale Elemente der Landschaftsbilder

Schule am Weg, sondern auch die Ziegelei, wo Böckstiegels Plastiken gebrannt wurden und wo er den dafür benötigten Ton bekam. Auch die Motivsuche ist Inhalt des Pfades; selbst heute noch lassen sich am passenden Standort Böckstiegels Motive in der Landschaft erkennen.

Ein Highlight des Pfades ist das ehemalige Wohnhaus des Malers, ein kleines Bauernhaus, das eines seiner wichtigsten Motive war. Hier lebten nicht nur Böckstiegels Eltern mit ihren sechs Kindern, auch Peter August verbrachte mit der Familie seine letzten Jahrzehnte im Elternhaus. Mithilfe von angebauten Ateliers wurde es zu seiner zentralen Wirkstätte. Durch die künstlerische Gestaltung der Eichenbalken an der Front des Hau-

Farbenfroh – das Wohnhaus Böckstiegels

ses sowie das Anbringen von großformatigen Mosaiken an den Wänden, die eigenwillige rote Farbgebung sowie die Gestaltung von farbkräftigen Fenstern machte Böckstiegel es zu einem Künstlerhaus. Seit 2009 steht es unter Denkmalschutz. In unmittelbarer Nähe befindet sich auch das Peter August Böckstiegel Museum mit vielen Werken des Malers.

Wassermühle Deppendorf

Schlusspunkt des Themenspaziergangs jedoch ist die Wassermühle in Deppendorf – ein Ort, der anknüpft an die Tätigkeit seiner Eltern als Kleinbauern. Hier ließen sie ihr Getreide mahlen.

Lage: Werther (Westfalen) liegt etwa 20 Kilometer nördlich von Gütersloh.

Adresse: Der offizielle Start des Pfades ist am Friedhof in Werther, Alte Bielefelder Straße 21, 33824 Werther

Aktivitäten:
- Museum Peter August Böckstiegel: Schloßstraße 109/111, 33824 Werther, *museumpab.de*

Einkehr:
- Café und Bistro Vincent: im Museum; *museumpab.de/event-cafe/cafe-bistro-vincent*

Websites:
- *stadt-werther.de/entdecken/peter-august-boeckstiegel/boeckstiegel-pfad*
- *teutoburgerwald.de/natur/in-der-natur/tour/boeckstiegel-pfad*

26 Schulze Ladencafé Borgholzhausen

BEIM HONIGKUCHENBÄCKER

Ein eigenes, ganz individuelles Lebkuchenherz kreieren jenseits von „Schatzi" und „Kuschelbär" – wer wollte das nicht schon mal? Bei Schulze in Borgholzhausen ist das online möglich. Abholen tut man das Schmuckstück aber am besten im urigen Ladenlokal, denn dort kann man ganz tief eintauchen in die Welt der süßen Verführungen des alteingesessenen Honigkuchenbäckers.

Schon seit Mitte des 19. Jahrhunderts gibt es die Firma Heinrich Schulze, die feine Backwaren wie „Zuckerbiesges, Moppen, Makronen oder Schokoladefitzebohnen" auf den umliegenden Jahrmärkten verkauft – auf dem Münster Send beispielsweise als Wanderverkäufer mit der traditionellen Kiepe.

Im Laufe der Zeit spezialisiert sich die Firma mit immer neuen Rezepten auf die Lebkuchenbäckerei. Dass die Backwaren Erfolg haben, dazu tragen nicht zuletzt die engagierten Mitarbeiter bei: Carl Knaust, der im Jahr 1870 als Geselle im Schulzeschen Betrieb anfängt, reist nach Amerika, um Erfahrungen in der Kuchenbäckerei zu sammeln. Fünf Jahre später kommt er mit einem vielfältigen Rezeptbuch zurück, auf dessen Inhalt noch die heutigen Rezepturen aufbauen. Er heiratet Alma, die Erbin des Schulzeschen Betriebes und baut in den folgenden Jahren den Backstubenbetrieb zur Fabrik aus. Der Grundstein für die erste Westfälische Leb- und Honigkuchenbäckerei ist gelegt.

Von da an werden das besondere Backhandwerk und das Unternehmen von Generation zu Generation weitergereicht, von handwerkliche auf maschinelle Fertigung umgestellt und größere Produktionsstätten bezogen. In den 1970er-Jahren wird der Betrieb zu einer Großbäckerei mit internationaler Bekanntheit ausgebaut.

Doch nicht nur die Produktion der einzigartigen Lebkuchenwaren ist eine Erfolgsgeschichte, auch der die ganze Woche über geöffnete Laden

So wurden früher Lebkuchen transportiert – Kiepenkerl vor dem Ladencafé

Inspiration für Lebkuchenträume

erfreut sich großer Beliebtheit. Dort kann man bis zu 50 verschiedene Gebäck- und Lebkuchenspezialitäten von gefüllten Herzen über Piumer Printen bis hin zu Vanillekuchen oder handgefertigten Butterkringeln entdecken und käuflich erwerben.

Im angrenzenden nostalgischen Café lassen sich nicht nur die leckeren Gebäck- und Lebkuchenspezialitäten genießen, sondern es gibt auch ausgesuchte Torten, leckere Kaffeespezialitäten oder herzhafte Westfälische Schnittchen. Im Sommer lockt eine großzügige Gartenterrasse.

Auch Wanderer und Radfahrer sind herzlich willkommen, ist Schulze doch zertifiziert als „Qualitätsgastgeber Wanderbares Deutschland", heißt: Hier

Wie in alten Zeiten – der Laden

kann man Schuhe putzen, sich die Haare föhnen, seine Trinkflaschen mit Wasser auffüllen oder den aktuellen Wetterbericht und Tipps für den Weg erhalten; auch eine Wanderapotheke gehört zur Ausstattung. Für Radfahrer werden eine Luftpumpe und Ersatzschläuche in verschiedenen Größen bereit gehalten, für E-Bike-Fahrer gibt es eine kostenlose Ladestation.

Wohnzimmeratmosphäre im Café

Lage: Borgolzhausen liegt etwa 25 Kilometer nördlich von Gütersloh.

Adresse: Heinrich Schulze Ladencafé, Freistraße 23, 33829 Borgholzhausen

Aktivitäten:

- Kultur- und Heimathaus: weltweit größte Ansammlung von Riesen-Ammoniten und 240 Millionen Jahre alten Saurierfährten; Freistraße 25, 33829 Borgholzhausen, *kulturverein-borgholzhausen.de/museum-borgholzhausen-2/*
- Rundgang vorbei an historischen Gebäuden auf dem Pium Pättke, *heimatverein-borgholzhausen.de/pium-patt*
- Wanderung um die Johannisegge zur Luisenturmhütte: Von dort hat man einen fantastischen Blick auf die Lebkuchenstadt, über das Ravensberger Hügelland, die Münstersche Tiefebene, das Wiehengebirge und das Weserbergland; Länge etwa acht Kilometer, *teutoburgerwald.de/natur/in-der-natur/tour/www-teutoburgerwald-de*. An Wochenenden kann man in der Wandergaststätte Luisenturm-Hütte einkehren: *luisenturmhuette.de*

Website: *schulze-ladencafe.de*

Info

27 Museum für Kindheits- und Jugendwerke bedeutender Künstler

DIE ANFÄNGE DER GENIES ENTDECKEN

Kann man die Begabung, das Talent, vielleicht sogar das Genie eines Künstlers schon in jungen Jahren erkennen? Und gibt es Dinge wie bestimmte Motive oder Techniken, die schon als Kind verwendet werden und die man im späten Werk eines Künstlers wiederfindet? Dies sind spannende Fragen, denen man nachgehen kann, wenn man sich mit den Kindheits- und Jugendwerken bedeutender Künstler beschäftigt – möglich ist dies an historischer Stätte im Herzen von Halle.

Die Kleinstadt Halle in Westfalen verbinden viele mit dem berühmten ATP-Rasen-Tennis-Turnier im Gerry-Weber-Stadion. Andere vielleicht auch mit der Firma Storck, die hier Dickmann's, Toffifee und Nimm 2 herstellt. Die wenigsten jedoch wissen, dass es hier ein ganz besonderes Museum gibt, in dem die Kindheits- und Jugendwerke berühmter Künstler ausgestellt werden.

Das Museum ist im ältesten Haus Halles untergebracht, einem 800 Jahre alten Fachwerkhaus, das eine wechselvolle Geschichte hat. Und nicht minder wechselvoll sind die Kunstwerke, die sich in dem viergeschossigen Gebäude befinden. Denn hier sind frühe und späte Werke von bedeutenden Künstlern wie Paul und Felix Klee, August Macke, Ernst Ludwig Kirchner, Pablo Picasso, Hannah Höch, Paula und Otto Modersohn, Friedensreich Hundertwasser, Albrecht Dürer, Caspar David Friedrich und vielen anderen bedeutenden Künstlern ausgestellt, insgesamt 50 an der Zahl. Wenn man sich auf Spurensuche begibt, um die Entwicklung dieser Künstler zu verfolgen, stößt man auf spannende Geschichten.

So kann man zum Beispiel entdecken, dass bereits das Kindheitswerk von Ernst Ludwig Kirchner das typische Kirchner-Ohr aufweist, ferner den Hut, den blauen Anzug sowie die Zigarette im Mund, wie es später in Kirchners Erwachsenenwerk wieder auftaucht. Oder man findet heraus, dass der berühmten Expressionist August Macke bereits im Alter von zwölf Jahren eine beeindruckende Studie von Pferd und Reiter anfertigte, die er später als Erwachsener zur Vollendung brachte. Beschäftigt man sich mit Paul Klee, so fällt auf,

August Macke – verschiedene Schaffensphasen

So kennt ihn fast niemand – Pablo Picassos Frühwerke

dass die schon in früher Kindheit verwendeten Elemente wie Spiralen auch in seinen späteren Werken wieder auftauchen. Anklänge an frühe Werke kann man auch bei anderen bekannten Künstlern wie Pablo Picasso, Gabriele Münter oder Hannah Höch entdecken.

Lage: Halle (Westfalen) liegt etwa 20 Kilometer nördlich von Gütersloh.

Adresse: Museum Kindheits- und Jugendwerke bedeutender Künstler e. V., Kirchplatz 3, 33790 Halle (Westfalen)

Einkehr:
- Restaurant Dietz: Bahnhofstraße 5, 33790 Halle, *restaurant-dietz.de*

Website: *museum-halle.de*

Info

28 Bergwettenweg

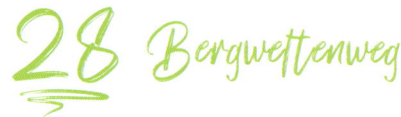

SELTENE PFLANZEN UND URIGE KNEIPEN

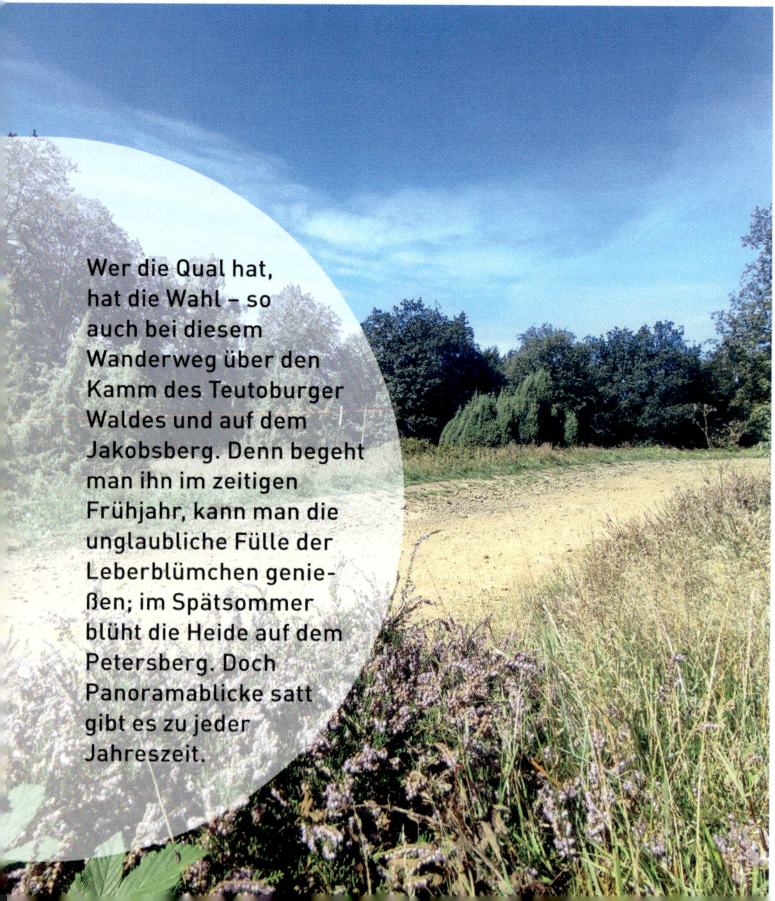

Wer die Qual hat, hat die Wahl – so auch bei diesem Wanderweg über den Kamm des Teutoburger Waldes und auf dem Jakobsberg. Denn begeht man ihn im zeitigen Frühjahr, kann man die unglaubliche Fülle der Leberblümchen genießen; im Spätsommer blüht die Heide auf dem Petersberg. Doch Panoramablicke satt gibt es zu jeder Jahreszeit.

Bergweltenweg – das hört sich nach gewaltigen Höhen an und tiefen Schluchten oder zumindest doch nach außergewöhnlichen Gebirgslandschaften. Ganz so spektakulär geht es bei dieser Wanderung nicht zu, aber immerhin streift man sieben kleine „Berge" und entdeckt dabei eine einzigartige Pflanzenwelt.

Doch los geht es erst mal im Tal an einem menschengemachten Höhepunkt: Schon gleich am Start der Wanderung kann man sich hier nämlich auf einen gelungenen Abschluss der Rundtour freuen, denn der Bergweltenweg beginnt an der „Friedrichshöhe", einer verrückt-originellen Gaststätte mit großem Biergarten, vielen Billardtischen und tollem Sonntagsfrühstück.

Gemütlich und originell – das Ausflugslokal Friedrichshöhe

Von dort geht es – der Beschilderung mit den drei Wacholder-büschen folgend – einen Feldweg entlang und dann auf einer kleinen Straße gen Teuto. Die Anhöhe Hohe Liet wird überquert, dann arbeitet man sich am Petersberg entlang Richtung Gottes-berg. Über einen Rechtsschwenk führt der Weg anschließend auf den Teutokamm und passiert das Gebiet der Wacholderheide, die im August und September wunderschön blüht; Infoschilder klären über die Vegetation auf. Oder man nimmt Platz auf einem der Themenrastplätze der „Hermannshöhen" und lässt sich am dortigen Hörmöbel von Opa Hermann und seiner Enkelin Anna etwas über den Wacholder erzählen. Dort erfährt man nicht nur, dass

Geschichten über den Wacholder am Hörmöbel

die Pflanze gut für die Verdauung ist, sondern auch, dass die Wacholderbeeren im hiesigen Schnaps, dem Steinhäger, verarbeitet werden. Weiterhin, dass es ein historisches Museum gibt, wo man noch mehr über das Markenzeichen der Stadt Steinhagen erfahren kann. Und dass der Steinhäger im Grunde genommen dem heutigen Kultgetränk Gin entspricht.

Fantastische Aussichten von der Schwedenhütte

Nächster Höhepunkt am Weg ist die Schwedenschanzen-Hütte auf dem Bußberg, die an Wochenenden bewirtschaftet wird und wo man ein warmes oder kaltes Getränk zu sich nehmen kann. Doch auch sonst hält der Ort spektakuläre

Blicke nach Ost und West ins Ravensberger- und ins Münsterland bereit; Tafeln mit Markierungen helfen bei der Orientierung.

Nach dem Palsterkamper Berg heißt es dann wieder hinunter vom Kamm; es folgt ein Wegstück mit abwechslungsreichen Wegen im Tal und im Wald, über die kleine und die große Emilhöhe, mit schönen Blicken in die Umgebung und auf das angrenzende Amshausen.

Dann ist der Leberblümchen-berg erreicht und damit das letzte Highlight am Weg. In diesem zum Naturschutzge-biet Jakobsberg gehörenden Gelände kommt es im sehr zeitigen Frühjahr zu einem besonderen Naturschau-spiel, wenn die Leberblüm-chen blühen. Zumeist im März lugen dann mehr als

Erste Frühlingsboten – die Leberblümchen

eine Million der blau-violetten Blüten dieser außergewöhnlichen Hahnenfußgewächse aus dem kargen Waldboden. Dies ist eine Rarität in hiesigen Breiten, denn die Leberblümchen auf dem Jakobsberg gehören zu den nördlichsten Vorkommen ihrer Gat-tung in Europa.

Lage: Steinhagen liegt etwa 14 Kilometer nördlich von Gütersloh.

Adresse: Start der Wanderung
Kaistraße 48, 33803 Steinhagen

Aktivitäten:
- Wanderung: Start an der Gaststätte Friedrichshöhe, circa acht Kilometer; *teutoburgerwald.de/natur/in-der-natur/tour/bergweltenweg-entlang-der-letzten-wacholde-rheiden-qualitaetsweg*
- Eine kürzere Alternative (vier Kilometer) führt nur über den Leberblümchenberg. Diese ist von Feb-ruar bis April zu empfehlen, wenn die Leberblümchen blühen: *teutoburgerwald.de/natur/in-der-natur/tour/leberbluemchenweg-durch-die-amshausener-schweiz*

Einkehren:
- Gaststätte Friedrichshöhe: Kaistraße 48, 33803 Steinhagen, *friedrichshoehe.de*

29 Stadtpark Gütersloh

DIE BESONDERE OASE

Parks gibt es in jeder größeren Stadt. So auch in Gütersloh, neben Bielefeld und Paderborn eine der drei Großstädte von Ostwestfalen-Lippe. Doch der Stadtpark in Gütersloh ist besonders: Nicht nur hat die etwa 15 Hektar große Grünanlage einen sehenswerten Botanischen Garten, sondern sie verfügt auch über eine kleine Insel, Sitz des Luft- und Lichtbades Prießnitz.

Innehalten am Teich

Der mehrfach ausgezeichnete Stadtpark Gütersloh entstand Anfang des 20. Jahrhunderts auf Wunsch der Bürgerschaft nach einer „Erholungsstätte im Freien für Jugend und Volk" auf einem Gelände am Flüsschen Dalke. Die Anlage wurde im Stil der Lenné-Meyerschen Schule geplant. Das Besondere: Sie verfügte auch über eine Eiswiese, auf der man im Winter Schlittschuh laufen konnte. 1912 wurde der Stadtpark am nordöstlichen Rand um den Botanischen Garten erweitert. Der Kern der Anlage ist bis heute erhalten und wird von geometrischen Wasserbecken bestimmt, Laubengängen mit Sitznischen und hohen Hainbuchenhecken.

Im Laufe der Zeit wurde der Garten um einzelne Themengärten ergänzt, wie zum Beispiel den Sonnen- und den Apothekergarten, den Brunnen- oder den Lavendelgarten. Man kann durch einen Geruchstunnel laufen, Minigolf spielen, einen Fabelpfad erkunden, etwas über Bienenzucht und Honig lernen und sich auf dem Spielplatz oder an Kletterseilen vergnügen.

Ganz besonders aber ist eine kleine Insel im Fluss, der Dalke. Dort stehen ein Pavillon und mehrere rote Doppelliegen, die an schönen Tagen zum Sonnenbaden einladen. Mehr als 100 Jahre lang betrieb der Naturheilverein Gütersloh hier ein „Licht- und Luftbad". Der Verein, der nach dem „Wasserdoktor" Vincenz Prießnitz auch Prießnitz-Verein genannt wurde, nutzte das Gelände im Sinne der Naturheilkunde im Zusammenspiel der Elemente Wasser, Licht und Luft.

Nach der Schenkung des Grundstücks an die Stadt Gütersloh wurde die ehemalige Halbinsel 2006 zu einer echten Insel umgewandelt. In Folge entstand die heutige Anlage mit einem Holzdeck am Wasser, der großen Liegewiese und dem luftig gestalteten Pavillon. Über Glasfenster im Boden des hölzernen Uferstegs lässt sich das Treiben im Wasser darunter beobachten und über das abgetreppte Holzdeck gelangt man bis zur Wasserkante. Nicht von ungefähr ist die Dalkeinsel eine der Stationen des „Wassererlebnispfades Dalke". Im Sommer finden hier verschiedene kulturelle Veranstaltungen wie Theateraufführungen und Konzerte statt.

Macht gute Laune – der Sonnengarten

Relaxen auf roten Liegen – die Dalkeinsel

Lage: Der Stadtpark liegt mitten in Gütersloh, östlich des Zentrums.

Adresse: Stadtpark Gütersloh, Parkstraße 51, 33332 Gütersloh

Aktivitäten:

- Minigolfanlage: *stadtpark-guetersloh.de/ minigolf-guetersloh*
- Auch das angrenzende, im Jugendstil erbaute Parkbad lädt zum Entspannen und Erholen ein. Durch die Verfüllung des Schwimmbeckens auf eine Wassertiefe von lediglich 30 Zentimetern ist es ein ideales Planschbecken für Kinder. Außerdem lässt sich rund ums Wasser wunderbar sitzen, essen und trinken, *parkbad-gt.de*

Einkehr:

- Palmenhaus-Café: Parkstraße 57, 33332 Gütersloh, *palmenhaus-gt.de*

Website: *stadtpark-guetersloh.de*

STADT-PARK-FLUSS

Zwei Altstädte verbunden durch einen wunderschönen Park, ein See, ein Schloss, ein lebendiges Kloster, ein außergewöhnliches Museum ... all das garantiert nicht nur einen abwechslungsreichen Nachmittag, sondern findet sich auch auf engstem Raum in der Doppelstadt Rheda-Wiedenbrück.

Die kommunale Neugliederung ist schuld. Schuld daran, dass die ehemals selbstständigen Städte Rheda und Wiedenbrück mit ihren rund 50.000 Einwohnern seit dem Jahr 1970 zusammengehören. Hüben wie drüben locken hübsche historische Altstädte.

Von einer zur anderen spazieren kann man an der Ems entlang durch das ehemalige Gartenschaugelände der Flora Westfalica von 1988, heute ein abwechslungsreicher Park mit gepflegten Blumenbeeten, naturnahen Bruchwäldern und zahlreichen abwechslungsreichen Spielzonen.

Der Rundweg startet offiziell in Wiedenbrück. Hier blieb der historische Stadtkern mit engen Gassen und kleinteiligen Parzellen weitgehend erhalten. Viele Ackerbürger-, Handwerker- und auch Handelshäuser prägen die alten Straßen. Sehenswert ist die Aegidius-Kirche zwischen Markt- und Kirchplatz, das älteste Gotteshaus der Stadt. Ihr Vorgängerbau zählt zu den Urkirchen Westfalens.

Wunderschön – der Weg durch die Emsauen

Von Wiedenbrück aus läuft man durch die Emsauen und den alten Landschaftspark zu den Schlosswiesen des Schlosses Rheda, das direkt an der Ems liegt. Es handelt sich um eine Wasserburg der Fürstenfamilie Bentheim-Tecklenburg, die auch heute noch von ihr bewohnt

Schloss Rheda

Wassermühle von Schloss Rheda

wird. Sie ist international bekannt wegen ihrer Doppelkapelle aus der Stauferzeit und der wertvollen Musikbibliothek. Die von der Ems umflossene Vorburg von Schloss Rheda bewahrt mit ihren Fachwerkbauten noch weitgehend das Bild des 18. Jahrhunderts. Die Oberburg wird gekennzeichnet durch den bemerkenswerten Kapellenturm aus dem 13. Jahrhundert, die ungewöhnliche Vereinigung von Torturm, Doppelkapelle und Wohnturm in einem einzigen Bauwerk. Das Schloss Rheda ist umgeben von einer weitläufigen historischen Parkanlage; besonders lohnt der Besuch der Orangerie mit Apothekergarten, alten Rosensorten und Koniferen.

Vom Schloss aus führt der Weg weiter zur Innenstadt von Rheda. Ein kleiner Rundgang offenbart viele alte Fachwerkhäuser, das älteste aus dem Jahr 1549. Über 200 Gebäude in der Stadt sind

Rosen-Romantik

denkmalgeschützt. Vor allem die Häuser der Leineweber prägen den Stadtkern; die kleine Siedlung vorm Schloss kündet aber auch von der alten Handwerkertradition.

Der Rückweg der kleinen Wanderung führt wieder durch die Emsauen. Im Gegensatz zum Hinweg macht man jetzt aber einen Schlenker vorbei an einer Streichelwiese, einem Skulpturenpfad und durch ein kleines Waldstück, bevor die Innenstadt von Wiedenbrück wieder erreicht wird.

Lage: Rheda-Wiedenbrück liegt etwa sieben Kilometer südwestlich von Gütersloh.

Adresse: Start des Rundwegs in Wiedenbrück: Ostring 74-88, 33378 Rheda-Wiedenbrück.

Aktivitäten:

- Rundweg: Start in Wiedenbrück. Die Tour kann jedoch auch beliebig in der Innenstadt von Rheda oder in Wiedenbrück begonnen werden. Insgesamt umfasst sie eine Länge von rund acht Kilometern.
- Kloster Wiedenbrück: Einen Abstecher lohnt das ehemalige Franziskanerkloster in Wiedenbrück. Seit es nicht mehr von Mönchen bewohnt wird, hat es sich zu einer Begegnungsstätte mit kulturellen Angeboten entwickelt. Außerdem kann man durch den sehenswerten Klostergarten spazieren oder sich im Klosterladen umschauen; Mönchstraße 19, 33378 Rheda-Wiedenbrück, *kloster-wiedenbrueck.de*
- Museum Wiedenbrücker Schule: Die ehemalige Altarbauwerkstatt Diedrichs und Knoche beherbergt heute das Museum, das sich mit der langjährigen kunsthandwerklichen Tradition der Stadt beschäftigt. Mit der „Wiedenbrücker Schule" wurde das hiesige, im 19. und Anfang des 20. Jahrhunderts blühende Kunsthandwerk des Historismus bezeichnet, das sich vorwiegend der kirchlichen Ausstattungskunst widmete. Im Museum wird die Geschichte der rund 30 Altarbauwerkstätten gezeigt, die es zur Blütezeit der „Wiedenbrücker Schule" in der Stadt gab; Hoetger-Gasse 1/Rietberger Straße 6, 33378 Rheda-Wiedenbrück, *wiedenbruecker-schule.de*

Einkehr am Weg:

- Seecafé-Restaurant: Paul-Schmitz-Straße 22, 33378 Rheda-Wiedenbrück, *seecafe.com*

Website: *komoot.de/smarttour/1175223648*

31 Emsquellen-Wanderweg

EIN BESONDERES STÜCK NATUR

Ein bisschen Heide, ein bisschen Fluss, vereint in einem wunderschönen Naturschutzgebiet, spannende Flussmodelle sowie Schafherden und eine der ältesten Pferderassen Deutschlands: Der Emsquellen-Wanderweg bei Hövelhof hält einen ganz besonderen Ausschnitt der Naturlandschaft Senne bereit.

Schon gleich zu Beginn des elf Kilometer langen Wanderwegs wartet eine Besonderheit: Die Krollbach-Bifurkation stellt eine seltene Gabelung eines Wasserlaufs mit Verteilung des Wassers auf zwei Flusssysteme dar: Der Krollbach gelangt über Haustenbach, Lippe und Rhein in die westliche, der Schwarzwasserbach über Hallerbach und Ems in die mittlere Nordsee.

Die Bifurkation am Krollbach

Von der Bifurkation aus geht es weiter in den Hövelhofer Wald. Ein wenig abseits vom Weg steht die Friedenseiche, die 1871 vom Hövelhofer Gemeindeförster nach Rückkehr aus dem Deutsch-Französischen Krieg gepflanzt wurde; nicht weit davon entfernt liegt das Historische Forsthaus. Nach einem weiteren Wegstück durch den Wald erreicht man einen kleinen Aussichtsturm. Von hier aus bietet sich ein schöner Blick ins Emstal. Kurz vor dem Ems-Informationszentrum führt der Weg am Gehege der Senner Pferde entlang, eine gefährdete Rasse, die seit dem 12. Jahrhundert hier weidet. Dank einiger engagierter Züchter konnte ihr Aussterben jedoch verhindert werden und die halbwilden Pferde erhielten hier, in ihrem angestammten Lebensraum im Jahr 2000 eine 15 Hektar große Wildbahn.

Hövelhof bezeichnet sich als Tor zur Senne; das Ems-Infozentrum Hövelhof könnte man als Tor zum EmsRadweg bezeichnen, denn hier nimmt der Radweg mit einer Länge von 386 Kilometern von Hövelhof in der Senne bis an die Nordsee nach Emden seinen Anfang. Dementsprechend will die Ausstellung im Ems-Infozentrum auf diesen Radweg vorbereiten, will Lust machen auf die Schönheiten der

Hövelhof – Modell und Wirklichkeit

Die Senner Pferde – zumindest die Silhouette

Landschaften, die Radfahrer gemeinsam mit der Ems durchqueren werden, auf die Vielzahl der Sehenswürdigkeiten, für die es sich lohnt, auch einmal vom Rad abzusteigen.

Doch das Ems-Infozentrum bietet noch mehr: Denn hier wird die Quellregion der Ems anschaulich beschrieben, vor allem die Besonderheiten der Ems als Sickerquellen, die ganzjährig und kontinuierlich schütten. In einem Modell können die Besucher außerdem die Ems selbst entspringen lassen oder ein Schiff aus der berühmten Meyer-Werft in Papenburg durch das Emssperrwerk in Richtung Nordsee begleiten.

Man durchläuft das Naturschutzgebiet Moosheide mit einem reizvollen Wechsel von Dünen und Tälern, offenen Heideflächen und Kiefernwäldern. Hier in der Moosheide entspringt auch die Ems, die sich aus vielen Quellen auf dem Stadtgebiet von Schloß Holte-Stukenbrock sowie der Gemeinde Hövelhof zu einem Fließgewässer vereint. Auf einem Besuchersteg kann man besonders die oberste Quelle bestaunen.

Über verschlungene Wege durch die Moosheide geht es anschließend weiter zum Wanderparkplatz Sandfangteich.

Wer mag, macht einen Abstecher zur Heidschnuckenschäferei Senne der Biologischen Station Kreis Paderborn/Senne unweit des Weges. Hier ist eine Herde von rund 1000 Tieren der Grauen Gehörnten Heidschnucken beheimatet, die die Heideflächen und Sandmagerrasen in der Senne beweiden. Die Schäferei ist jederzeit zugänglich, es kann jedoch sein, dass keine Heidschnucken anzutreffen sind.

Nicht weit entfernt von der Heidschnuckenschäferei liegt die Hövelsenner Kapelle, die 2014/2015 zur Erinnerung an den ehemaligen Ortsteil Hövelsenne errichtet wurde, der zur Erweiterung des Truppenübungsplatzes Senne aufgegeben werden musste. Danach geht es zurück zum Ausgangspunkt der Wanderung am Krollbach.

Lage: Hövelhof liegt etwa 14 Kilometer nördlich von Paderborn.

Adresse: Wanderparkplatz an der Bifurkation, Sennestraße, 33161 Hövelhof

Aktivitäten:

- Wer nicht ganz so weit laufen mag und nur an der Heidelandschaft bzw. den Emsquellen interessiert ist, startet die Wanderung am Parkplatz Sandfangteich und läuft von dort aus den knapp sieben Kilometer langen Heideland Rundwanderweg: *hoevelhof.de/de/tourismus/wandern/themenwanderwege/heideland-rundwanderweg.php*
- Heimatzentrum Senne: Hier kann man traditionelle ländliche Handwerke kennenlernen. Das Zentrum liegt in unmittelbarer Nähe des Wanderparkplatzes an der Bifurkation; *heimatzentrum-senne.de*
- Zurück in Hövelhof lohnt ein Besuch des Jagdschlosses, das als Wahrzeichen des Ortes gilt und wo man durch den Schlossgarten schlendern kann; *hoevelhof.de/de/tourismus/sehenswuerdigkeiten/sehenswuerdigkeiten/jagdschloss.php*

Einkehr:

- Gartencafé Emsquellen: liegt am Weg zwischen Forsthaus und Emstal. Leckerer, selbst gebackener Kuchen; Emser Kirchweg, 33161 Hövelhof, gartencafe-emsquellen.9gg.de

Website: *hoevelhof.de/de/tourismus/wandern/themenwanderwege/emsquellen-wanderweg.php*

FLUSSWELTEN

Den kürzesten Fluss Deutschlands erkunden – das geht auf einer Wanderung von der Quelle bis zur Mündung der Pader in die Lippe. Highlights auf diesem zwölf Kilometer langen Prädikats-Stadtwanderweg, der auch abgekürzt werden kann, sind nicht nur die Quellen, sondern der Weg führt auch durch schöne Grünzüge, vorbei an Teichen und Seen und endet am sehenswerten Schloss Neuhaus.

Die Pader – obwohl nur gut vier Kilometer lang – ist ein Fluss der Superlative. Ihre über 200 Quellen, die durchschnittlich 5000 Liter Wasser pro Minute zutage fördern, zählen zu den wasserreichsten Deutschlands. Bestaunen und erleben kann man diese gleich zu Anfang der Wanderung. Nach dem Start an der Abdinghofkirche, die Hauptkirche der evangelisch-lutherischen

Quellteich und Beginn der Wanderung

Christen in Paderborn, gelangt man zum westlichen Paderquellgebiet, wo drei der insgesamt sechs Quellarme der Pader entspringen. Sehenswert hier ist das Waschfrauen-Denkmal an der sogenannten Warmen Pader, das an das Waschen und Bleichen am Fluss erinnert.

Ein lohnender Abstecher am Weg ist die sogenannte Wasserkunst. Das Funktionsmodell veranschaulicht die im 16. Jahrhundert errichtete, frühere Wasserversorgung – ein Pump- und Rohrleitungssystem, das die höher gelegene Innenstadt mit Wasser versorgte.

Der Weg führt nun vorbei an ehemaligen Mühlen. Von den Brücken aus kann man den Zusammenfluss der Quellarme zur Pader sehen. Durch die Paderwiesen und -auen gelangt man dann zum Padersee, an dessen Ufer es sich wunderbar flanieren lässt.

Weiter geht es durch den Schloss- und Auenpark nach Schloss Neuhaus. Die ehemalige Fürstbischöfliche Residenz liegt im gleichnamigen Paderborner Stadtteil, ist eines der wichtigsten Wasserschlösser Westfalens und gilt als ein eindrucksvolles Beispiel der frühen Weserrenaissance. Im barocken Marstall sind heute Museen untergebracht. Lohnenswert ist ein Abstecher in den rekonstruierten Barockgarten der Vierflügelanlage

Schloss Neuhaus – hier mündet die Pader in die Lippe

mit runden Ecktürmen und Gräfte.

100 Meter neben dem Eingangstor des Schlosses liegt das Ziel der Wanderung: die Doppelbrücke über Pader und Lippe, wo man deren Zusammenfluss sehen kann.

Der Rückweg führt zuerst zurück durch den Park, dann biegt man links ab und passiert die kleine Fachwerkkapelle Sankt Rochus. Das nächste Wegstück leitet zu den idyllischen Fischteichen mit diversen Freizeit- und Einkehrmöglichkeiten.

Nächste bedeutende Landmark am Weg ist der idyllisch gelegene Schützenplatz. Hier feiert der Paderborner-Bürger-Schützenverein, mit rund 4200 Mitgliedern einer der größten in Deutschlands, alljährlich im Juli sein Schützenfest.

Wieder zurück im Stadtgebiet stößt man auf die fast fünf Meter hohe Statue des Liborius, der Stadtheilige, dessen Gebeine im Dom ruhen. Weitere Sehenswürdigkeiten am Weg sind der Paderborner Sagenbrunnen sowie zwei der wenigen erhaltenen

Ein mystisches Erlebnis – der Quellkeller

Fachwerkhäuser Paderborns, darunter das Adam-und-Eva-Haus aus dem 16. Jahrhundert. Dann erreicht man das östliche Paderquellgebiet. Der Rückweg zur Abdinghofkirche führt am Dom, an der Bartholomäusquelle und an der Kaiserpfalz vorbei – alle drei für sich genommen lohnen einen Besuch.

Eine Besonderheit des Museums in der Kaiserpfalz – dem ehemaligen Königshof Karls des Großen – besteht darin, dass im Untergeschoss ein Quellkeller liegt, in dem eine der Quellen der Pader entspringt. Das smaragdgrüne Wasser in dem alten Gewölbe verbreitet ein geradezu mystisches Flair.

Info

Lage: Die Wanderung führt durch den Nordwesten Paderborns zum Schloss Neuhaus.

Adresse: Start der Wanderung Am Abdinghof 9, 33098 Paderborn

Aktivitäten:
- Wanderung: Länge zwölf Kilometer
- Padersee: Minigolf im Schloß-und Auenpark; Gartenschau 14, 33104 Paderborn, *minigolf-paderborn.de*
- Naturkundemuseum Paderborn: Im Schlosspark 9, 33104 Paderborn-Schloß Neuhaus, *paderborn.de/microsite/naturkundemuseum/index.php*
- Kletterwald Paderborn: an den Fischteichen; Dubelohstraße 79, 33102 Paderborn, *kletterwald-paderborn.de*
- LWL-Museum in der Kaiserpfalz: Am Ikenberg, 33098 Paderborn, *kaiserpfalz-paderborn.de*
- Paderborner Dom: Domplatz 3, 33098 Paderborn, *dom-paderborn.de*
- Erzbischöfliches Diözesanmuseum Paderborn: Markt 17, 33098 Paderborn, *dioezesanmuseum-paderborn.de*

Einkehr:
- Café-Restaurant Zu den Fischteichen: an den Fischteichen; Dubelohstraße 92, 33102 Paderborn, *restaurant-fischteiche.de*
- Pader Café: am Padersee; Fürstenallee 53, 33102 Paderborn, *www.pader.cafe*

Website: *paderborn.de/sport-freizeit/aktive-freizeit/109010100000109568.php*

BOGEN-BLICKE

Der Eisen-
bahnviadukt in
Altenbeken – seines
Zeichens die längste
Kalksandsteinbrücke
Europas – ist ein echter
Hingucker. Bei einer
13 Kilometer langen
Rundwanderung um den
Viadukt kann man nicht
nur die imposanten Bögen
bewundern, sondern
auch herrliche Blicke
auf die Egge, den
Rehbergtunnel und
ins Frankental
genießen.

Ausgangspunkt der mittelschweren Halbtages-Wanderung über kleine Straßen und Wiesenwege ist der Parkplatz vor dem Eggemuseum. Das Museum gibt es nicht mehr, stattdessen beherbergt es heute die Museums-Deele, die hausgemachte Torten und leckere Brotzeiten anbietet. Doch noch immer kann man hier kunstvolle Öfen und Ofen- und Herdplatten aus dem 16. bis 19. Jahrhundert, die von der einstigen Eisenindustrie zeugen, bestaunen.

Der Museums-Deele gegenüber steht eine Denkmallokomotive der 044er-Baureihe. Die 1941 ausgelieferte Lok wurde bis zu ihrer Ausmusterung im Jahr 1976 vor schweren Güterzügen, unter anderem auf den Strecken bei Altenbeken, eingesetzt und erinnert an die Dampflokzeit, die den Ort prägte.

Die alte Lok der Baureihe 044

Vom Museum aus folgt man den Zeichen des Wanderwegs V3 bergab, überquert die Hauptstraße, geht links am Mühlenbach entlang und dann weiter über einen Treppenweg bis zur Bahnunterführung. Von dort aus gelangt man über einen kurzen, steilen Anstieg zu einer Aussichtsplattform mit fantastischem Blick auf den Viadukt. Der Altenbekener Viadukt, auch Bekeviadukt oder

Großer Viadukt Altenbeken, ist 35 Meter hoch und überspannt mit 24 Bögen das Beketal westlich von Altenbeken auf der zweigleisigen Bahnstrecke Hamm-Warburg vor dem Eggegebirge.

Gedenksteine und Viadukt

Das in den 1850er-Jahren errichtete Bauwerk gehört zu den ältesten Zeugen der Eisenbahngeschichte Deutschlands, ist das Wahrzeichen von Altenbeken und wird in stilisierter Form im Wappen der Gemeinde dargestellt. Der Viadukt wurde im Zweiten Weltkrieg im November 1944 zerstört und erst im Herbst 1950 in der heutigen Form wieder aufgebaut. Beim Wiederaufbau des Viadukts wahrte man zwar die historische Form, aber die Schlusssteine konnten nicht wieder eingesetzt werden und wurden in die Aussichtsplattform „Vista Point" integriert.

Hat man sich satt gesehen am Viadukt, verläuft der Rundweg weiter auf einem schönen Waldweg bis zum Parkplatz Kalkofen mit Picknickplatz. Anschließend lockt die Strecke mit fantastischen Weitblicken und Waldsofas zum Verweilen. Weitere Stationen der Wanderung sind das Frankental, die Bollerbornquelle und die Sagequelle. Auf idyllischen Wald- und Wiesenwegen sowie auf kleinen Straßen läuft man schließlich im Rundkurs zurück zum Eggemuseum. Dabei kann man immer wieder schöne Sichten auf den Bahnhof von Altenbeken, den Viadukt und das Dorf genießen.

Möchte man den Viadukt noch von einer anderen Perspektive aus betrachten, lohnt ein Abstecher zur Aussichtsplattform „Vista Point", die ein Stück weiter unten an der Adenauerstraße liegt. Diese kleine Aussichtsplattform ist offizieller Fotospot. Von hier hat man einen Blick von unten auf den großen Eisenbahnviadukt.

Wer sich immer noch nicht von schönen Bögen trennen kann, macht noch einen Abstecher drei Kilometer westlich in Richtung

Fernblick mit tierischer Begleitung

Neuenbeken zum Kleinen Viadukt. Der 230 Meter lange Kleine Viadukt, auch Dune-Viadukt genannt, überspannt in einer Höhe von 33 Metern mit elf Bögen das Tal der Dune. Westlich oberhalb des Viadukts befindet sich eine Aussichtsplattform, die einen großartigen Blick auf den Viadukt und das Beketal bietet.

Lage: Altenbeken liegt etwa 15 Kilometer östlich von Paderborn.

Adresse: Start der Wanderung ist am Eggemuseum in Altenbeken, Alter Kirchweg 7, 33184 Altenbeken

Info

Aktivitäten:
- Alternative Wanderwege: Es gibt noch kürzere Viadukt-Wanderwege von jeweils fünf bis sechs Kilometern, die auch gut von Kindern bewältigt werden können; *altenbeken.de/de/tourismus/wandern/v-wege.php*

Einkehr:
- Museums-Deele: Alter Kirchweg 7, *museums-deele.de*
- Ruth's Knotenpunkt: Christian-Schütze Straße 1, 33184 Altenbeken, *ruthsknotenpunkt.de*

Website: *altenbeken.de/de/freizeit-und-tourismus/wandern/panorama-wanderweg-v3.php*

34 Wewelsburg

SPANNENDE GESCHICHTE IM DREIECK

Die einzige Drei-
ecksburg Deutsch-
lands in heute
noch geschlossener
Bauweise – so lautet
der Werbeslogan der
Wewelsburg. Doch nicht
nur die Architektur ist
außergewöhnlich – auch
das Innenleben hat es in
sich. So kann man hier
beispielsweise über-
nachten sowie beein-
druckende Ausstel-
lungen besuchen.

Die imposante Wewelsburg

Imposant ist sie, die Dreiecksburg, die im Stadtteil Wewelsburg der Stadt Büren hoch über dem Almetal thront. Die Paderborner Fürstbischöfe waren es, die die Höhenburg mit dreieckigem Grundriss zu Anfang des 17. Jahrhunderts auf einem spitzwinkligen Bergsporn errichteten. Das burgähnliche Schloss im Stil der Weserrenaissance hat eine wechselvolle Geschichte, wurde es doch von 1934 bis 1945 von der SS genutzt und teilweise umgestaltet. Heute sind in den Gebäuden das Historische Museum des Hochstifts Paderborn, eine Jugendherberge und eine Gedenkstätte untergebracht.

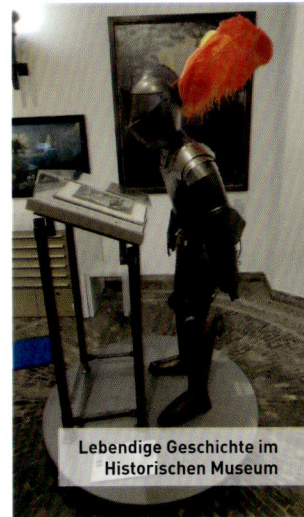

Lebendige Geschichte im Historischen Museum

In der Ausstellung des Historischen Museums kann man auf vier Etagen durch die Geschichte des Fürstbistums schlendern. Sie reicht von den Anfängen der Besiedlung des Paderborner Landes über die Gründung des Bistums im frühen Mittelalter, über die Zeit der Reformation bis zum Ende der Landesherrschaft der

Bischöfe im Jahr 1802. Zudem gibt es spannende Einblicke in die Erdgeschichte und die landschaftlichen Besonderheiten des Paderborner Landes.

In der Jugendherberge lässt sich in historischem Ambiente übernachten und speisen. Besonders reizvoll ist die Lage auf dem Bergsporn, die weite Blicke ins Almetal ermöglicht.

Ein kritisches Kapitel der Wewelsburg beleuchtet die Erinnerungs- und Gedenkstätte Wewelsburg 1933 – 1945. Auf der Burg sollte ab 1933 zunächst ein zentraler Versammlungsort für die SS der NSDAP eingerichtet werden, auch eine „Reichsführerschule" für SS-Offiziere war angedacht, später dann eine abgeschottete, zentrale Versammlungsstätte für die höchsten SS-Offiziere. An diese Thematik knüpft das ehemalige SS-Wachgebäude am Burgvorplatz der Wewelsburg an; hier kann man die Dauerausstellung „Ideologie und Terror der SS" besuchen – die weltweit erste Ausstellung zur Gesamtgeschichte der SS. Hierein wird die lokale Geschichte der SS-Tätigkeiten und des örtlichen Konzentrationslagers Niederhagen eingebettet. Die ideologischen Grundlagen der Schutzstaffel, ihre Ambitionen, aber auch Selbstverständnis

Das Modell vor der NS-Gedenkstätte

und Organisationsstruktur werden ausführlich beleuchtet. Am Beispiel des lokalen KZ Niederhagen-Wewelsburg werden außerdem Ausgrenzungsmechanismen, Verfolgungsapparat, Lagersystem und Vernichtungspraxis verdeutlicht und anhand originaler Exponate wie Barackenwänden oder Häftlingskleidung eindrücklich präsentiert. Auch bauliche Überreste der NS-Architektur im Nordturm sind erhalten geblieben, unter anderem das Sonnenradmotiv im Fußboden des „Obergruppenführersaals".

Doch auch jenseits des Bildungsprogramms kann man sich auf der Wewelsburg vergnügen, durch den Burggarten schlendern und das historische Ambiente der Gastronomie auf dem Burggelände genießen. Wer mag, läuft hinunter zum Flüsschen Alme und begleitet dieses auf einem kleinen, romantischen Rundwanderweg durch Wiesen und Auen.

Der Burggarten

Lage: Die Wewelsburg in Büren-Wewelsburg liegt etwa 15 Kilometer südöstlich von Paderborn.

Adresse: Kreismuseum Wewelsburg, Burgwall 19, 33142 Büren

Einkehr:
- Gastronomie an der Wewelsburg: Burgwall 19, 33142 Büren-Wewelsburg, *genuss-gastronomie-owl.de*

Website: *wewelsburg.de*

Info

35 Stiftung Kloster Dalheim

KLOSTERKULTUR PAR EXCELLENCE

Wenn man etwas über Klöster lernen kann, dann hier. Denn das altehrwürdige Kloster Dalheim stellt nicht nur selbst als Gesamtheit ein wichtiges Exponat dar, sondern es fungiert auch als Museum für Klosterkultur und präsentiert Dauer- und Sonderausstellungen zur klösterlichen Kulturgeschichte.

Kloster Dalheim ist ein eigenes Universum. Denn die Klosteranlage ist noch vollständig erhalten: Neben Klosterkirche und Klausur existieren auch noch die alten Wirtschaftsgebäude wie Mühle, Schmiede und Stellmacherei, diverse Scheunen, ein alter Schafstall und eine eigene Brauerei. Daneben gibt es den Dalheimer Klosterladen, der Erzeugnisse aus klösterlicher Produktion vertreibt.

Der Kreuzhof mit dem Museumsgebäude

Abgesehen von dieser eigenen kleinen Klosterwelt lädt Dalheim ein, die Welt der europäischen Klosterkultur zu entdecken. Diverse Ausstellungen zeigen, wie Klöster die Entwicklung Europas prägten, wie sie nicht nur als religiöse Stätten fungierten, sondern auch Bildung, Forschung und Kunst beeinflussten. Dementsprechend geht es in Dalheim nicht nur um „Beten und Arbeiten", sondern auch um Musik und Theater, Essen und Trinken, bedeutende Kunstschätze, Bau-, Buch- und Gartenkunst.

In den Ausstellungsräumen wird anschaulich vermittelt, wie in einem mittelalterlichen Kloster gelebt, gebetet und gearbeitet wurde. Man lernt die historischen und kulturellen Hintergründe der Klosterkultur kennen und kann deren Entwicklung von den spätantiken Wüstenvätern bis in die Gegenwart zurückverfolgen. Dazu werden die einzelnen Gebäudeteile des Klosters wie

Wichtiger Bestandteil eines Klosters – die Bibliothek

Klausur, Kapitelsaal, Refektorium, Skriptorium oder Kalefaktorium, aber auch Bibliothek und Vorratskeller mit modernen Inszenierungen erlebbar gemacht.

Bieten schon die historischen Gebäudeteile viel authentisches Anschauungsmaterial in Bezug auf mittelalterliches Klosterleben, trägt der Klosterkomplex in seiner Gesamtheit einmal mehr dazu bei, diesen repräsentativen Eindruck zu vervollständigen. Neben den oben beschriebenen Wirtschaftsgebäuden sind es vor allem die Gärten, die die Ausmaße des ehemaligen Klosterareals vor Augen führen. Diese nehmen gut ein Viertel der 7,5 Hektar großen Fläche ein und wurden in Anlehnung an die historischen Gärten des Klosters Dalheim rekonstruiert. So vermitteln sie anschaulich, welche Spielarten die klösterliche Gartenbaukunst in Mittelalter und Barock hervorrief: Das weite Spektrum erstreckt sich vom mittelalterlichen Kräutergarten bis hin zum stilisiert angedeuteten Paradiesgarten im ehemaligen Kreuzhof des Klosters, vom repräsentativen Langen Garten des Klostervorstehers bis hin zum barocken Konventgarten.

Als Museumsbesucher kann man nicht nur den Wirtschaftshof des Klosters erkunden, sondern auch die Gärten durchstreifen

Der Prälaturgarten

und dabei eine große Fülle an Heil-, Zier-, Nutz- und Symbolpflanzen entdecken, die traditionell in Klostergärten angebaut wurden. Wer mag, lernt auf informativen Texttafeln Wissenswertes zu Klostergärten, der Anlage, der spezifischen Bepflanzung sowie zu historischen Pflanzenarten.

Lage: Lichtenau-Dalheim liegt etwa 20 Kilometer südöstlich von Paderborn.

Adresse: Stiftung Kloster Dalheim, LWL-Landesmuseum für Klosterkultur, Am Kloster 9, 33165 Lichtenau-Dalheim

Aktivitäten:

- Es gibt mehrere Wanderwege rund um das Kloster, unter anderem den circa 2,5 Kilometer langen Chorherrenweg; *stiftung-kloster-dalheim.lwl.org/de/ihr-besuch/wanderwege/*

Einkehr:

- Dalheimer Klosterwirtshaus: Am Kloster 9, 33165 Lichtenau-Dalheim, *klosterwirtshaus-in-dalheim.de*

Website: *stiftung-kloster-dalheim.lwl.org/de*

DIE WEWELSBURG, DREI ECKEN, VIELE GESCHICHTEN ...

KREISMUSEUM Wewelsburg

Historisches Museum des Hochstifts Paderborn

Wewelsburg 1933 – 1945 Erinnerungs- und Gedenkstätte

Information unter Tel. 02955 7622-0 und www.wewelsburg.de

kreismuseum_wewelsburg

36 Barfußpfad Bad Wünnenberg

GLÜCKLICH OHNE SCHUHE

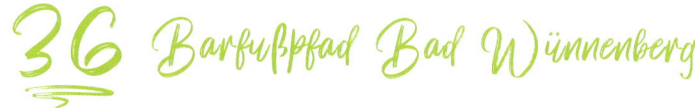

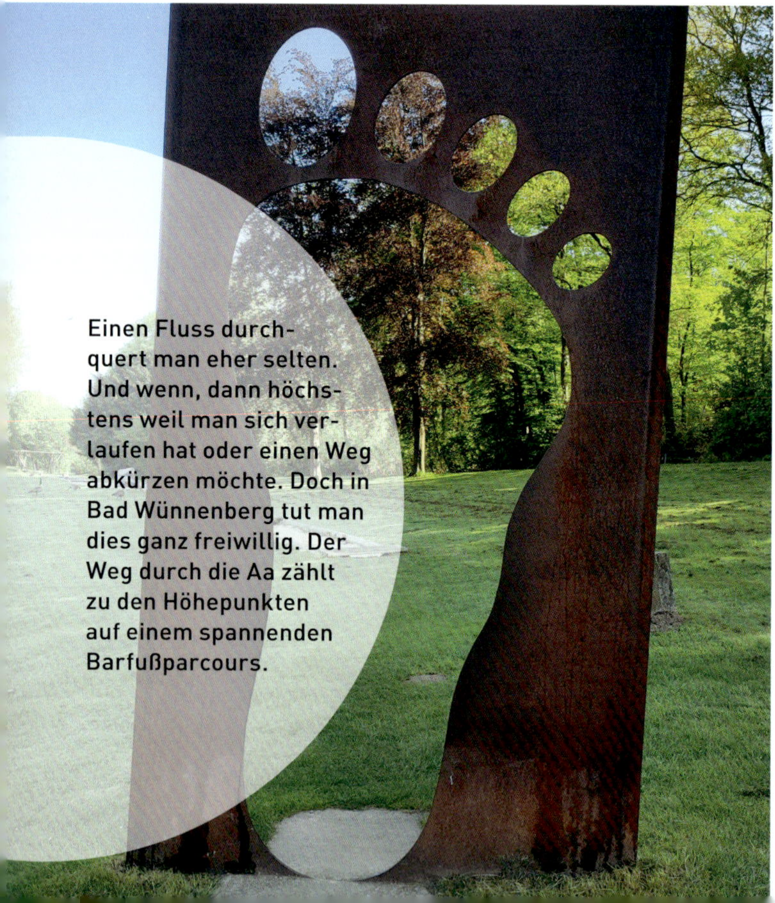

Einen Fluss durchquert man eher selten. Und wenn, dann höchstens weil man sich verlaufen hat oder einen Weg abkürzen möchte. Doch in Bad Wünnenberg tut man dies ganz freiwillig. Der Weg durch die Aa zählt zu den Höhepunkten auf einem spannenden Barfußparcours.

Die Szenerie weckt Erinnerungen an unbekümmerte Sommertage als Kind: Schnell Schuhe und Strümpfe aus und dann einfach losstürmen! Auf den Sandstrand, ins Meer, über die Wiese ... Einfach den feinen Sand unter den Füßen spüren, das plätschernde Wasser, das kitzelnde Gras. Und dann das intensive Gefühl der Freiheit und des Lebendigseins genießen.

Ähnlich ist es in Bad Wünnenberg, auch wenn die Vorbereitung ein wenig länger dauert: Schuhe und Strümpfe wollen verstaut und die Hosenbeine hochgekrempelt werden, bevor es denn losgeht ins barfüßige Abenteuer.

Massiert die Füße – den Graben durchwaten

Einen Kilometer lang ist die kleine Wanderung mit nackten Füßen auf dem Parcours rund um den Paddelteich im schönen Aatal. Doch nicht nur oben genanntes Waten durch die Aa steht auf dem Programm, sondern auch Laufen durch matschigen Lehm, auf piksigem Rindenmulch, auf kleinen und großen Kieselsteinen, Holzpflaster und Rasen. Ein Holzbohlensteg durch eine Sumpf- und Wiesenlandschaft will beschritten sowie eine Hängebrücke über dem Bachlauf überquert werden. Schöne Blicke in das weitläufige Aatal inklusive.

Auch Rindenmulch gehört zur Strecke

Wer Geschmack gefunden hat am Barfußgehen im Fluss, der kann seinen persönlichen Barfußparcours in einem Wassertretbecken im Aabach

Angenehm weich – Sand unter den Füßen

neben dem Waldschwimmbad fortsetzen. Oder genießt ein vitalisierendes Armbad gefüllt mit reinem Quellwasser.

Doch in der Natur-Erlebnislandschaft des Aatals gibt es noch mehr zu entdecken. Ein großes Wildgehege zum Beispiel, in dem man nicht nur Ziegen, Schafe, Rot-und Damwild beobachten kann, sondern auch eine Herde mächtiger Heckrinder aus dem Neandertal. Wer etwas relaxen will, spaziert ganz gemütlich um den Paddelteich, lässt sich zwischendrin auf einer Bank am Ufer nieder oder entspannt auf einer der Liegen. Wer es etwas sportlicher mag, kann im Teich auch angeln oder paddeln.

Etwas länger dauert die Umrundung der Aabach-Talsperre etwas weiter nördlich. Um das Trinkwasserreservoir mit einem

Ein spannender Parcours – über die Brücke

Fassungsvermögen von 17 Millionen Kubikmetern führt ein asphaltierter Rundweg von neun Kilometern, der sich nicht nur zu Fuß, sondern auch per Rad oder Inlineskating zurücklegen lässt.

Und auch der Ort Bad Wünnenberg, der einzige Kneipp-Heilort in Ostwestfalen-Lippe, hat Attraktives zu bieten. Im Kurpark lockt ein Bewegungsparcours und auf einem historischen Stadtrundgang durch den Ort lassen sich anhand von Informationstafeln geschichtlich bedeutsame Gebäude und Orte der Ober- und Unterstadt des Kneipp-Heilbades Bad Wünnenberg entdecken.

Lage: Bad Wünnenberg liegt etwa 25 Kilometer südlich von Paderborn.

Adresse: Barfußpfad Bad Wünnenberg, Im Aatal 1, 33181 Bad Wünnenberg

Aktivitäten:
- Es gibt diverse Kneipp-Tretbecken an unterschiedlichen Orten in der Stadt, *bad-wuennenberg.de/de/stadt/kneipp.php*
- Wer in echt Kneippscher Manier kuren möchte, für den bieten sich vier Kneipp-Wanderwege an, *bad-wuennenberg.de/de/stadt/kneipp-angebote/kneipp-anlagen/kneipp-wanderwege.php*
- Kräutergarten in der Heimatscheune: Stadtring 8, 33181 Bad Wünnenberg, *bad-wuennenberg.de/de/freizeit/sehenswuerdigkeiten/heimatscheune.php*

Einkehr:
- Aatalhaus: Biergarten und Spielplatz; Am Kurpark 3, 33181 Bad Wünnenberg, *aatalhaus.de*

Websites:
- *barfusspark.info/parks/wuennenb.htm*
- *bad-wuennenberg.de/de/stadt/kneipp-angebote/kneipp-anlagen/auf-dem-barfusspfad.php*

Kreis Höxter

Beeindruckende Blicke auf Bad Driburg

Kreis Höxter

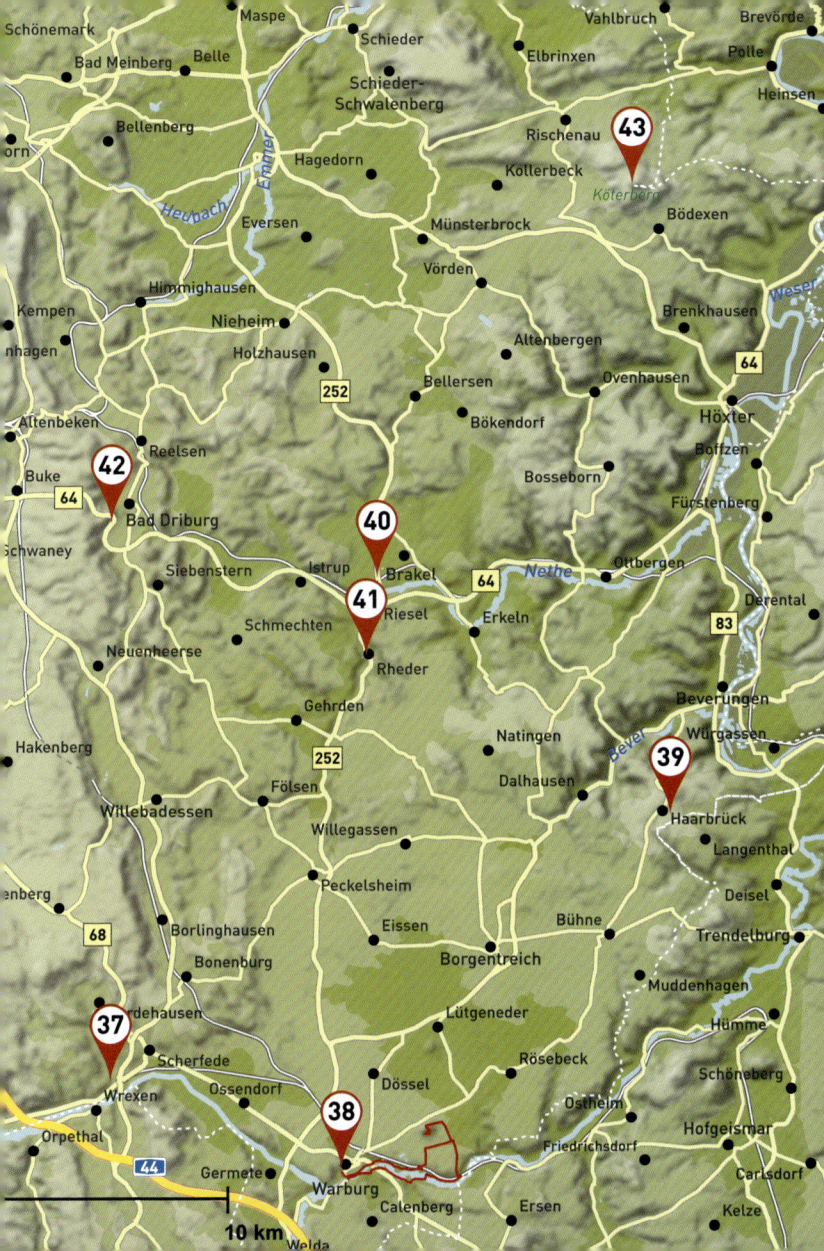

37 Wisentgehege Hardehausen

EXOTISCHE HUFTIERE AUFSPÜREN

Es mutet an wie im Wilden Westen. Eine Herde von Bisons zieht friedlich grasend durch weites Weideland. Ein bisschen so, als würden sie allein ihren Instinkten nach Futter und Wasser folgend die endlose Prärie durchstreifen. Ein ungewöhnliches Szenario für ostwestfälische Breiten, dennoch zu erleben im Wisentgehege Hardehausen, das sich der Zucht der europäischen Bisons verschrieben hat.

1755 wurde der letzte freilebende Wisent in Deutschland geschossen; nur in einigen zoologischen Gärten überlebte er. In den 1920er-Jahren ergab eine Inventur, dass nur noch gut 50 Wisente weltweit existierten. Neben Auswilderungsprojekten – vor allem in Osteuropa – wurde daraufhin ein aufwendiges

Umherstreifende Bergwisente

Zuchtprogramm mit Schutzgehegen gestartet. Hardehausen ist eines der ältesten davon. Seit 1958 werden in dem 170 Hektar großen Gehege sowohl Berg- als auch Flachwisente nachgezüchtet – mit großem Erfolg: Seit Eröffnung des Geheges sind hier mehr als 160 Wisente geboren worden.

Doch die Schutz- und Erhaltungsmaßnahmen alter Tierrassen beschränken sich nicht nur auf das größte Säugetier Europas: Auch Tarpane werden in Hardehausen gezüchtet. Das mausgraue Steppenurwildpferd mit dem kurzen, breiten Kopf gilt als Stammform der Warmblüter und starb gegen Ende des 19. Jahrhunderts aus. Durch Rückkreuzung mit verschiedenen Pferderassen wird hier in Hardehausen nun versucht, den Urwildpferdecharakter wieder herzustellen. Auch diese Zuchtmaßnahme ist erfolgreich, bis zum Jahr 2017 wurden 213 Tarpan-Wildpferde

Entspannung pur – ein kleines Tarpanfohlen

in Hardehausen geboren. Die Nachzucht wird an Gehege und Zoos abgegeben, als Reit- und Therapiepferde verkauft oder zur Landschaftspflege eingesetzt.

Seit 1988 zählt auch weißes Rotwild zu den exotischen Attraktionen Hardehausens. Bei diesen Tieren handelt es sich aber nicht um Albinos, sondern – wie man an den blauen Augen der Tiere erkennen kann – um eine Farbvariation des Rotwilds. Im 18. Jahrhundert wurde ein Rudel der weißen Tiere per Schiff von

Nachbildung und Original – Wisent aus Holz

Nordindien nach Böhmen eingeführt. Von dort aus gelangten die weißen Tiere dann in andere Wildparks, auch nach Dänemark, England, Österreich und Deutschland. Ein Rudel dieser besonderen Wildtierart hat in Hardehausen seine Heimat gefunden.

All diese besonderen Tierarten – sowie ganz „einfache" Wildschweine – lassen sich von diversen Plattformen aus beobachten, zu denen auch ein besonderer Aussichtsturm zählt: Der zwölf Meter hohe, hölzerne Wisentturm hat eine beidseitig begehbare Treppe in Form einer Doppelhelix und bietet interessante Perspektiven auf die Wildrinder sowie einen weiten Ausblick in die umgebende Wald- und Wiesenlandschaft.

Noch näher als im Gehege kommt man den Wisenten im benachbarten Waldinformationszentrum Hammerhof im Süden der Anlage. Hier kann man Vollpräparate von Wisent und Amerikanischem Bison bewundern.

Info

Lage: Das Wisentgehege Hardehausen liegt etwa 45 Kilometer südöstlich von Höxter.

Adresse: Wisentgehege Hardehausen und Waldinformationszentrum Hammerhof, Walme 50, 34414 Warburg-Scherfede

Aktivitäten:
- Mittels eines kleinen Rundwegs von gut sieben Kilometern lassen sich alle Highlights des Wisentgeheges erkunden.
- Abstecher zum Kloster Hardehausen: heute Sitz einer Landvolkshochschule; *hermannshoehen.teutoburgerwald.de/erleben-entdecken/ sehenswertes/kloster-hardehausen-warburg*

Einkehr:
- Café im Hammerhof: Walme 50, 34414 Warburg, *gasthof-luis.de/hammerhof*
- Landgasthof Varlemann: Blankenroder Straße 1, 34414 Warburg, *teutoburgerwald.de/reiseplanung/ uebernachtung/gastgeber/haus-varlemann*

Website: *wald-und-holz.nrw.de/wald-erleben/infozentren/ wiz-hammerhof-wisentgehege-hardehausen*

38 Desenbergrunde mit Warburg

SCHMETTERLINGE, VULKANE UND EIN BESONDERES RATHAUS

Drei Höhepunkte auf einen Streich! Vom romantischen „Rothenburg Westfalens" führt dieser circa 16 Kilometer lange Rundwanderweg durch das bezaubernde Diemeltal und dann hinauf auf den markanten, kegelförmigen Desenberg mit fantastischem Rundblick in die Warburger Börde.

Allein Warburg ist schon einen Ausflug wert. Die Hansestadt bewahrt seit Jahrhunderten das einmalige Panorama einer mittelalterlichen Doppelstadt. Noch heute prägen Bruchsteinmauern, Türme und Tore sowie die weitgehend erhaltene Stadtmauer das Stadtbild. Einzigartig ist auch das Rathaus, das zwischen der Neustadt auf dem Bergrücken und der Altstadt an der Diemel thront und lange Zeit von beiden genutzt wurde. Durch einen Laubengang gelangt man hinunter in die Altstadt.

Prägend für Alt- und Neustadt – das Rathaus

Warburg zeichnet sich durch eine außergewöhnlich hohe Anzahl gut erhaltener Fachwerkhäuser aus, die den einst erfolgreichen Handel mit Textilien und Getreide sowie den Brauerzeugnissen widerspiegeln. Vom Reichtum der alten Hansestadt zeugen nach wie vor die Größe der Häuser und ihre prachtvollen Fassaden.

Der eigentliche Rundweg zum Desenberg startet auf dem mittelalterlichen Marktplatz der Warburger Altstadt. Er führt durch Dalheim zu den trockenen Diemelhängen mit Kalkmagerrasen. Diese sind charakteristisch für die Region, da Warburg in einer der regenärmsten Regionen Westfalens liegt. Hier wachsen eine Vielfalt von in Mitteleuropa sehr seltenen Acker- und Heilkräutern. Das Gelände ist außerdem Lebensraum für Tagfalter und die seltenen Widderchen, die hier in ungewöhnlich großer Zahl vorkommen.

Nachdem man die Diemelmühle passiert hat, kommt der Desenberg in den Blick, der gut 150 Meter hoch aus der Ebene der Warburger Börde aufragt. Der heute kegelförmige Berg entstand als Ausläufer eines sehr großen Vulkans, der 100 Kilometer südlich

Weithin sichtbar – der Kegel des Desenbergs

seinen Ursprung hat und zwischen 19 und neun Millionen Jahren vor unserer Zeit aktiv war. Der Desenberg selbst brach allerdings nicht aus, sondern entwickelte sich aus erstarrter Magma im Erdmantel. Erst durch Wind und Wetter wurde der Basaltschlot im Laufe der Zeit freigelegt und erhielt seine heutige Form.

Umgeben von Ackerflächen bildet er mit seinen kargen Böden vielen Tier- und Pflanzenarten einen wichtigen Lebensraum. Im Frühsommer beispielsweise paaren sich am Desenberg die Schwalbenschwänze, eine selten gewordene Schmetterlingsart. Im Bereich der Felsen und Geröllfelder des Desenbergs finden sich auch seltene Pflanzen wie Mauerpfeffer, Steinquendel oder Fetthenne. Die Geröllfelder sind zugleich bevorzugter Lebensraum der Zauneidechse.

Umwerfende Fernsicht vom Vulkan

Oben erwartet den Wanderer neben der Ruine der Desenburg ein fantastischer Rundumblick über die Weite der Warburger Börde.

Nach der fulminanten Weitsicht führt der Rundweg wieder ins Diemeltal. Man passiert die Warburger Brauerei in der Kuhlemühle und läuft wieder Richtung Warburg.

Lage: Warburg liegt etwa 40 Kilometer südöstlich von Höxter.

Adresse: Start des Rundwegs Altstadtmarktplatz, Lange Straße 2, 34414 Warburg

Aktivitäten:

- Wem der Rundweg zu weit ist, der besucht den Desenberg und die Stadt Warburg separat. Vom Besucherparkplatz am Desenberg sind es circa zwei Kilometer bis zum Gipfel; Wanderparkplatz „Burg Desenberg". Gut Rothehaus, Desenbergstraße, 34414 Warburg.
- Im Stadtgebiet Warburgs haben sich besondere Religionsgemeinschaften angesiedelt. Im 1993 aufgegebenen Konvent St. Mariä Himmelfahrt, das einst Dominikaner beherbergte, hat heute der syrisch-orthodoxe Erzbischof von Deutschland seinen Sitz: Kloster St. Jakob von Sarug, Klosterstraße 10, 34414 Warburg, *syrisch-orthodox.org*
- Unweit der Innenstadt Warburgs liegt die Holsterburg, die einzige oktogonale Burg in Deutschland und gleichzeitig die nördlichste ihrer Art. Zu besichtigen sind die Ruinen: Holsterburg, 34414 Warburg, *holsterburg.com*

Einkehr:

- Dalheimer Kaffeegarten: am Weg; Zur Uhlenburg 16, 34414 Warburg, *dalheimer-kaffeegarten.9gg.de*

Website: *teutoburgerwald.de/natur/in-der-natur/tour/ diemeltal-rundweg-mit-desenberg-besteigung*

39 Weser-Skywalk

ÜBERRASCHENDE WELTEN

Dreiländereck, spektakulärer Weserblick und eine außergewöhnliche Hugenottenstadt gleich nebendran – der südlichste Punkt des Kreises Höxter lockt mit Besonderheiten der Extraklasse.

Skywalks gibt es über dem Grand Canyon in den USA, über dem Aurlandsfjord in Norwegen und am Dachstein in Österreich. Zugegeben – gemessen an diesen Ausblicken der Superlative kommt der Weser-Skywalk in Bad Karlshafen ein wenig bescheiden daher, aber für Ostwestfalen-Lippe ist er schon ganz ordentlich!

Ganze 80 Meter liegt die Aussichtsplattform über dem Fluss und ragt gut vier Meter über den Wesersteilhang hinaus. Sie bietet einen fantastischen Blick auf das Obere Wesertal, über das Kronendach eines Buchen- und Eichenwaldes mit Urwaldcharakter sowie jenseits der Weser auf Herstelle mit Burg und Kloster. Die Sicht reicht flussaufwärts bis nach Bad Karlshafen und talabwärts bis nach Würgassen.

Doch nicht nur der Weser-Skywalk ist besonders, sondern auch die Hannoverschen Klippen, auf denen er liegt. Die spärlich bewachsenen Sandsteinfelsen sind die einzigen natürlichen Felsbildungen des Buntsandsteins in dieser Region von nennenswertem Ausmaß. Umringt werden sie von knorrigen, teilweise uralten Buchen und Eichen. Durch den hohen Totholzanteil dieses Waldes stellt er einen idealen Lebensraum seltener Tierarten wie Hirschkäfer, Veilchenblauer, Wurzelhalsschnellkäfer oder baumbewohnende Fledermausarten dar.

Urige Klippenwege hinauf

Und auch wärmeliebende Bewohner fühlen sich hier wohl, denn die nach Süden ausgerichteten Felsen heizen sich tagsüber stark auf und speichern die Wärme für die Nacht. Darum gibt es an diesem Ort auch Tiere und Pflanzen, die ansonsten viel südlichere Gegenden wie den Mittelmeerraum besiedeln. So huschen Zauneidechsen an lichten, warmen Stellen durch den

Wald und Ringelnatter oder Schlingnatter sonnen sich auf den Felsen. Und darum verwundert es auch nicht, dass im Schutzgebiet weit mehr als 500 Schmetterlingsarten nachgewiesen wurden. Dominiert wird die Lebensgemeinschaft von auf dem Fels lebenden Flechten, Zwitterwesen aus Pilzen und Algen.

Um diese seltenen Tier- und Pflanzenarten zu entdecken, startet man seinen Aufstieg zum Skywalk am besten vom Ortsende von Würgassen. Beim Aufstieg über die Hannoverschen Klippen kann man sich auf dem zwei Kilometer langen Holzweg von Hirschkäfer „Klippi" begleiten lassen. Dabei erfährt man an acht Stationen Wissenswertes rund um die Themen Wald und Holz. Denn um zum Aussichtspunkt zu gelangen, passiert man sehr alte Bäume – teilweise über 300 Jahre alt –, da an den steilen Hängen eine forstliche Nutzung kaum möglich war.

Ist man dann auf der Aussichtsplattform angelangt, kann man das herrliche Panorama genießen, außerdem in zwei andere Bundesländer hinüberblicken. Man selbst befindet sich mit den Hannoverschen Klippen in Niedersachsen; gegenüber liegt Herstelle, das zu Nordrhein-Westfalen gehört, und Bad Karlshafen die Weser hinunter zählt zu Hessen.

Hat man sich satt gesehen an dem herrlichen Panorama und dem Dreiländerblick, kann man auf der anderen Seite der Felsen über den drei Kilometer langen Klippensteig wieder hinabsteigen und gelangt dann nach Bad Karlshafen.

Der Barockhafen von Bad Karlshafen

Bad Karlshafen wurde 1699 als Sieburg von Landgraf Karl als Exulantenstadt zur Ansiedlung von Hugenotten – protestantischen Glaubensflüchtlingen aus Frankreich – gegründet. Die Stadtanlage im Stil des Weserbarocks mit symmetrischen Straßenzügen ist bis heute erhalten. Beeindruckend sind die weißen Häuserkarrees beiderseits des Barockhafens; lohnend ist auch ein Besuch am Gradierwerk von Hessens salzhaltigster Solequelle.

Der Hugenottenturm – symbolisch für Bad Karlshafen

Lage: Der Weser-Skywalk bei Beverungen liegt etwa 18 Kilometer südlich von Höxter.

Info

Adresse: Hannoversche Klippen, 37688 Beverungen

Aktivitäten:

- Benediktinerinnen-Abtei vom Heiligen Kreuz: Das Kloster liegt auf der gegenüberliegenden Weserseite in Herstelle, mit Klosterladen. Mit einer Gierseilfähre gelangt man ans andere Weserufer; *kulturland.org/Klosterregion/Klosterorte/Beverungen-Herstelle-Abtei-vom-Heiligen-Kreuz*

Einkehr:

- Restaurant Forsthof: Alter Postweg 1, 37688 Beverungen, *forsthof.com*
- Restaurant und Café Alte Linde: Würrigser Straße 4, 37699 Beverungen-Würgassen, *alte-linde.de*

Website: *kulturland.org/Aktivitaeten/Erlesene-Natur/Erlebnisgebiete/Weser-Skywalk-und-Hannoversche-Klippen/*

40 Modellbundesbahn Brakel

DAS MINIATURWUNDERLAND VON OSTWESTFALEN-LIPPE

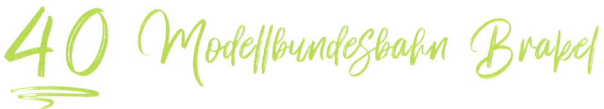

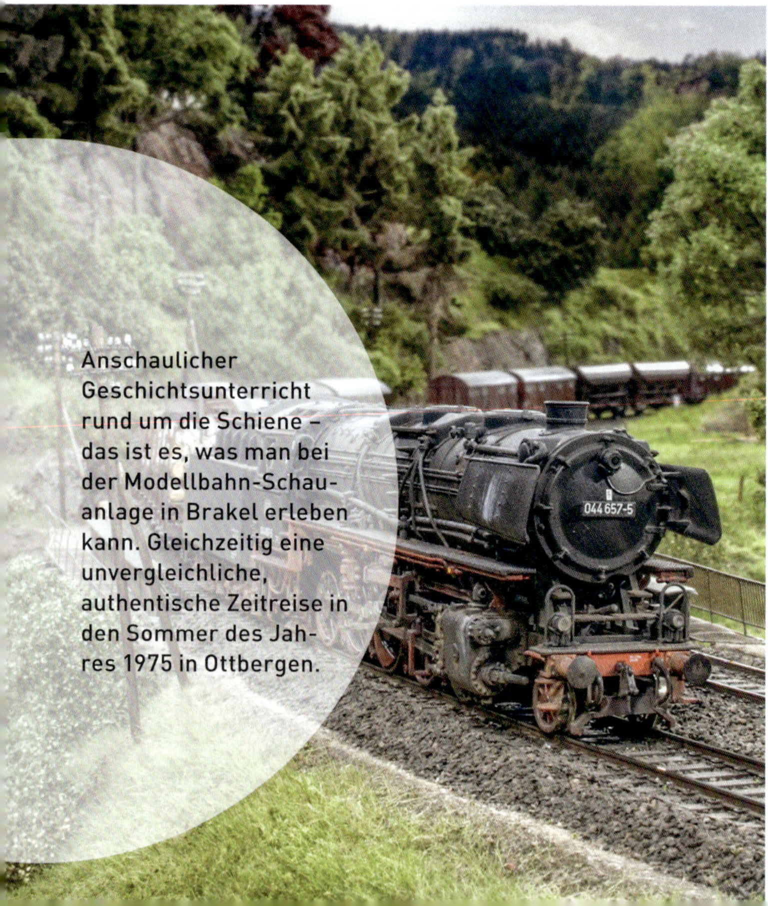

Anschaulicher Geschichtsunterricht rund um die Schiene – das ist es, was man bei der Modellbahn-Schauanlage in Brakel erleben kann. Gleichzeitig eine unvergleichliche, authentische Zeitreise in den Sommer des Jahres 1975 in Ottbergen.

Warum ausgerechnet das Jahr 1975? Und warum Ottbergen? Bahnfans wissen Bescheid. Denn in Ottbergen im Kreis Höxter konnte man bis 1976 die letzten Dampfloks der Baureihe 044 auf Mittelgebirgsstrecken erleben, während sie im Rest der Republik bereits Geschichte waren. Ottbergen wurde so zum Mekka der Dampflokfans.

Eilzug in Bad Driburg Sommer 1975

Fasziniert von diesem einzigartigen Setting überlegte sich Initiator und Betreiber der Modellbundesbahn, Karl Fischer, das Flair dieser Zeit ins Modell zu übertragen. Daraus entstand in jahrelanger Kleinarbeit, fußend auf historischen Fotos, Zeichnungen, Bauplänen, Gleis- und Katasteramtsplänen, Befragung von Zeitzeugen und einschlägigen Ottbergen-Experten sowie mithilfe professioneller Modellbauer und vieler ehrenamtlicher Helfer, eine beeindruckende Modelleisenbahnanlage, die als detailgetreueste in ganz Deutschland gilt. Im Jahr 2005 eröffnet, umfasst die heutige Modelllandschaft unzählige Häuser, Bäume, Menschen, Wagen, Gleise und Weichen, die im Maßstab 1:87 nachgebaut wurden.

Kernstück der Modellanlage ist eine exakte Nachbildung des Betriebswerks Ottbergen samt Umgebung; dazu zählen auch Bad Driburg mit Bahnhof und Kuranlagen, der Viadukt von Altenbeken sowie – seit Neuestem – das Hermannsdenkmal.

Bemerkenswert und ein großer Unterschied zu anderen Modell-bahn-Schauanlagen ist die absolute Detailverliebtheit: Fast alle Brücken, Lokbehandlungsanlagen, Verladerampen und Bahn-dämme sind nach Originalplänen gebaut. Der Zugbetrieb orientiert sich zu 100 Prozent an den Vorbildabläufen Mitte der 1970er-Jahre: Die Bahnhofsdurchsagen wurden von den echten Bahnhofsspre-chern eingesprochen und selbstverständlich tragen die Lokomoti-ven die passenden Loknummern.

Sonderzug Viadukt Altenbeken

Neben dem Bahnge-schehen ist auch das Alltagsleben der dama-ligen Zeit in detailreichen Szenerien eingefangen. Ein Jahrmarkt, eine Hochzeit oder Arbeiten auf dem Feld zum Bei-spiel. Natürlich wurde bei den verwendeten Preiser-Figuren darauf geachtet, dass sie dem Kleidungsstil der 1970er-Jahre treu bleiben, dass die Automodelle der Zeit entsprechen und die Reklameschilder authentisch sind.

Neben statischen Szenerien gibt es auch solche, in denen Aktion angesagt ist: Ein Baum wird per Motorsäge gefällt, ein Lieferwa-gen geblitzt oder die Feuerwehr rückt zum Löschen eines Brandes aus. Zudem wird in der 675 Quadratmeter großen Halle alle halbe Stunde zwischen Tag und Nacht gewechselt, was einen beein-druckenden Beleuchtungswechsel zur Folge hat, Leuchtreklamen und Lichter zum Vorschein bringt sowie den Zugverkehr bei Nacht demonstriert.

Ein besonderes Vergnügen ist es, das miniaturisierte Ostwestfalen nicht nur anzuschauen, sondern auch daran mitzuwirken. Dies geht mithilfe von interaktiven Elementen, bei denen man per Knopfdruck ein Brot backt oder ein Mädchen schaukeln lässt, bei denen man Hühner zum Leben erweckt oder bei einem Unfallopfer eine Herzdruckmassage veranlassen kann. Reichlich Unterhaltung also in einer Art Zeitkapsel, die nicht nur Bahnfans begeistert.

Verkehrsunfall – Herzdruckmassage erwünscht!

Lage: Brakel liegt circa 18 Kilometer südwestlich von Höxter.

Adresse: Modellbundesbahn, Rieseler Feld 1b, 33034 Brakel

Aktivitäten:

- Weidenpalais im Nethetal: lebendes Bauwerk aus Hunderten von Weidenruten; Parkweg, 33034 Brakell, *kulturland.org/Aktivitaeten/Erlesene-Natur/Erlebnisgebiete/Weidenpalais-im-Nethetal* (siehe Tipp 41)

Website: *modellbundesbahn.de*

Info

41 Weidenpalais Schloss Rheder im Nethetal

EINMALIGE FLECHTKUNST

Unter einem Palais stellt man sich im Allgemeinen einen Palast vor, die Residenz eines großen Herrschers. In Rheder allerdings fällt der Palast etwas weniger prunkvoll aus, als gemeinhin angenommen, ist darum aber nicht minder sehenswert. Das dortige Weidenpalais ist ein lebendiges Kunstwerk aus Hunderten von Weidenruten.

Ein Ort zum Lustwandeln und für besondere Veranstaltungen – so lautete die Bestimmung des fast zehn Meter hohen und über 30 Meter langen filigranen Flechtwerks, das 2012 unter Federführung des Architekten Marcel Kalberer gebaut wurde. Mithilfe von rund 300 Freiwilligen schuf er nicht nur ein besonderes Bauwerk, sondern auch eine einzigartige Symbiose von Natur und Kunst.

Das ungewöhnliche Kunstwerk hat zwei Türme, die an das Westwerk in Corvey erinnern – ein Fingerzeig auf die vielfältige Klosterlandschaft der Region Höxter. Die große Kuppel des Weidenpalais erfüllt mehrere Funktionen, ist gleichermaßen Ruheraum wie auch Tribüne für Veranstaltungen. Der geschwungene Bogengang lädt zum Flanieren ein, animiert aber auch Kinder zum Verstecken.

Schloss Corvey nachempfunden – das Weidenpalais von außen

Platziert ist dieses Kunstwerk der besonderen Art im Nethetal direkt am Netheradweg im kleinen Dorf Rheder. Den äußeren Rahmen der Konstruktion bilden der kleine Fluss Nethe und der Siekbach auf der einen Seite, auf der anderen die alten Gutsgebäude von Schloss Rheder.

Direkt am Palais kann man sich weiter über Weiden schlau machen: Ein Lehrpfad informiert über die Vielfalt dieser Gewächse. Von hier bieten sich auch zwei Spazierwege durch den Landschaftspark des Schlosses Rheder an: Entweder man wählt die „Wasserwelten" entlang der Nethe und vorbei an Teichen oder man läuft auf den „Waldwelten" durch artenreichen Buchenwald.

Ansicht Schloss Rheder

Dabei passiert man auch einen besonderen Blickfang des Landschaftsgartens, den sogenannten Pückler-Schlag: Dies ist eine Sichtachse, die vom Schloss zum gegenüberliegenden Sieseberg verläuft. Besonders vom Berg aus eröffnet sich ein beeindruckender Blick auf das Schloss, das Flusstal und das Dorf Rheder mit der barocken Katharinenkirche.

Sehenswert ist auch der Barockgarten des Schlosses, der sich an Themen aus der griechischen und römischen Mythologie anlehnt und mit imposanten Brunnen, von Buchs umsäumten Beeten und prächtigen Schalen beeindruckt.

Stimmungsvoller Barockgarten

Romantische Buchenwälder kennzeichnen den Schlosspark

Doch auch jenseits der Themenspaziergänge kann man das Terrain genießen: Wem nach Ruhe und Verweilen ist, der schlendert vom Palais aus direkt hinunter zur Nethe, wo man gemütlich am Ufer sitzen kann. Oder man geht hinüber zu den drei historischen Eisteichen, die einst der Gewinnung von Kühleis dienten und teilweise wieder befüllt wurden. Durchstreift man den Landschaftspark, lassen sich auch umgestürzte Baumriesen entdecken, die durch eingeschnitzte Sinnsprüche der Künstlerin Jenny Holzer in Kunstobjekte verwandelt wurden.

Lage: Rheder liegt etwa 22 Kilometer südwestlich von Höxter.

Adresse: Schloss Rheder, Nethetalstraße 10, 33034 Rheder

Einkehr:
- Parkscheune am Weidenpalais: Café und Biergarten; *schlossbrauerei-rheder.de/events/parkscheune.htm*

Aktivitäten:
- Gräflich Mengersen'sche Dampfbrauerei: Die mehr als 300 Jahre alte Brauerei befindet sich in den Wirtschaftsgebäuden des Schlosses, *schlossbrauerei-rheder.de/brauerei/ brauereibesichtigung.htm* und
- Husarenmuseum: Das Museum nimmt Bezug auf den Schlossherrn Adolf Freiherr Spiegel von und zu Peckelsheim, der Rittmeister im Husarenregiment von Zar Nikolaus II war; *schlossbrauerei-rheder.de/ schloss/husarenmuseum.htm*

Websites:
- *kulturland.org/Lieblingsplaetze/ Burgen-Schloesser-Adelssitze/Schloss-Rheder*
- *schlossbrauerei-rheder.de/gaerten/weidenpalais.htm*

42 Sachsenklause bei Bad Driburg

WINDBEUTEL UND WEITE BLICKE

Bad Driburg ist vor allem bekannt wegen seines schönen Kurparks. Hoch über der Stadt aber gibt es noch ein weiteres Highlight: Die Sachsenklause mit Riesen-Windbeuteln und einer tollen Aussichtsterrasse. Hier kann man nicht nur wunderbar sitzen und Kaffee trinken, sondern noch auf einen Turm steigen und eine mystische Burgruine besichtigen.

Ein vorgelagerter Bergsporn des Eggegebirges ist es, der den Ort so besonders macht. Denn auf diesem, auf 385 Metern, liegt das Café Restaurant Sachsenklause. Das bedeutet eine herrliche Fernsicht über Bad Driburg und das Weserbergland.

Direkt daneben befindet sich ein weiterer Aussichtsturm mit phänomenalen Blicken, der Kaiser-Karls-Turm. Kaiser Karl deshalb, weil hier angeblich Karl der Große gewütet hatte. Im Kampf gegen die heidnischen Sachsen soll der Frankenherrscher vor Ort deren größtes Heiligtum, die Irminsul, zerstört haben. Wo genau sie gestanden hat, weiß niemand. Aber ein möglicher Standort könnte hier gewesen sein, auf dem Iberg bei Bad Driburg. Zumindest deutet darauf eine Bronzetafel über dem Eingang vom Kaiser-

Riesenwindbeutel – dafür ist die Sachsenklause bekannt

Karls-Turm hin. Auf der wird nämlich eine Zeile aus Friedrich Wilhelm Webers Epos „Dreizehnlinden" zitiert: „Alter Hain, aus dessen Wipfeln einst die Irmensäule ragte, die zum Schmerz und Schreck der Sachsen König Karl zu brennen wagte."

Läuft man ein Stück weiter die Straße hinauf, gelangt man zum möglichen Standort der Irminsul, der Iburg. Auch diese war ursprünglich ein Bauwerk der Sachsen, aber im Gegensatz zur Irminsul existieren von ihr auch heute noch sichtbare Spuren.

Laut Beschreibung war die Iburg um 700 eine sächsische Volks- und Fluchtburg. Später diente sie als Benediktinerinnenkloster, dann wiederum als mittelalterliche Burg, die in Folge ausgebrannt und zerstört wurde.

Von der Zeit der Sachsen sind nur noch alte Gräben zu sehen, aber von der mittelalterlichen Burg steht noch eine ganze Menge.

Naturspektakel inklusive – Blick vom Kaiser-Karls-Turm

Ein Lageplan am Eingang des Burggeländes zeigt, wo die alten Burgmauern liegen, der Brunnen, der Bergfried, die Kirche und die Überreste der alten Sachsenburg. Ein Großteil des Burggeländes besteht aus Ruinen, jedoch sind noch Teile der Burgmauer, die Grundmauern eines ehemaligen Wohnhauses des Adels sowie Reste einer Kirche erhalten und auch der Bergfried steht noch in Gänze. Zwischen den Ruinen lässt sich auf kleinen Wegen herumspazieren und man kann tief hinabblicken in den ehemaligen Burggraben. Das ganze Gelände umweht eine mystische Atmosphäre.

Darum fällt es auch nicht schwer zu glauben, dass Friedrich Wilhelm Weber hier zu seinem Epos „Dreizehn-linden" aus dem Jahr 1878 inspiriert worden sein soll, das Weber zeitweilig zum bedeutendsten Dichter West-

Der alte Bergfried der Iburg

falens machte. In seinem Werk, das unter anderem von einem Treffen der Heiden vor der Sonnenwende an just diesem Ort handelt, schuf Weber eine ganze Welt voller ergreifender Stimmungsbilder, die die Iburg noch ein wenig mystischer und sagenumwobener machen.

Lage: Bad Driburg liegt etwa 28 Kilometer westlich von Höxter.

Adresse: Café Restaurant Sachsenklause, Westenfeldmark 6, 33014 Bad Driburg

Websites:
- *sachsenklause.de*
- *unser-bad-driburg.de/sehenswuerdigkeiten/ ausflugsziele-in-bad-driburg/iburg-burgruine*

Info

LIEBLINGSPLATZ
KREIS HÖXTER
www.kulturland.org

Weg der Stille

Ökumenischer Pilgerweg

Von Schwalenberg
zum Welterbe Corvey

Kloster-Garten-Route

Pilgern auf zwei Rädern

Zwischen Weser
und Teutoburger Wald

Kostenloses Infomaterial unter:
www.kulturland.org oder Tel. 05271 974323

43 Köterberg

AUF DEM „BROCKEN" DES WESERBERGLANDS

Scherzhaft wird er „Monte Wau Wau" genannt und oben auf dem Gipfel kann man sogar eine 5-Cent-Münze zu einer Plakette umprägen lassen, die im oberen Bereich diesen Schriftzug trägt. Aber eigentlich hat „Köter" nichts mit Hunden zu tun. Der Name Köterberg leitet sich von dem Wort „Kötterberg" ab, was so viel wie Grenzberg heißt. Und tatsächlich liegt der Köterberg an der Grenze von Nordrhein-Westfalen und Niedersachsen.

Mit seinen knapp 500 Metern ist der Köterberg die höchste Erhebung im norddeutschen Raum. Damit einher geht ein atemberaubender Rundumblick auf den Teutoburger Wald und das Weserbergland – an klaren Tagen bis hin zur Porta Westfalica im Norden und dem Brocken im Harz im Süden. Rekordverdächtig!

Besonders bei Bikern ist dieser Grenzberg beliebt, denn eine kurvenreiche Strecke führt zu der unbewaldeten Kuppe mit dem markanten Fernmeldeturm. Oben lockt aber nicht nur ein fantastisches Panorama, sondern auch eine Gaststätte in Form einer Baude im Riesengebirgs-Stil. Seit über 60 Jahren bewirtet hier Familie Brand mit gut bürgerlicher Küche, Kaffee und Kuchen. Auch von drinnen kann man die wunderbare Aussicht genießen; die achteckige Form des Gebäudes garantiert beste Sichtverhältnisse.

Der Köterberg – ein beliebter Bikertreff

Bei einem Spaziergang auf dem Berg lässt sich Kurioses entdecken: Unweit des Gipfels an der Waldgrenze steht ein auf den ersten Blick recht unscheinbarer Grenzstein. Die Geschichte hinter diesem Stein ist dafür umso spannender. Es handelt sich dabei um einen sogenannten Dreiherrenstein. Hier lag früher die Grenze der König- und Fürstentümer Hannover, Westfalen, Braunschweig, Waldeck-Pyrmont und Lippe. Von Zeit zu Zeit trafen sich die edlen Herren, die Herrscher über diese König- und Fürstentümer waren, zum gemeinsamen Schmaus und Trank an genau diesem Stein. Jeder saß dabei auf dem Zipfel seines eigenen Landes.

Auch ein Fernmeldeturm tut hier seinen Dienst

Nicht umsonst ein Fotospot ...

Neben alten Geschichten über Steine gibt es auch welche über den Berg, besonders Sagen, die hier begründet liegen. Eine davon ist die sogenannte Köterbergsage, die Eingang in die Sagen- und Märchensammlung der Brüder Grimm gefunden hat.

Danach soll ein Schäfer eines Tages von einem prächtigen Königsfräulein durch eine Höhle in den Köterberg hin-eingelotst worden sein. Mithilfe einer wundersamen Springwurzel, die er besaß, konnte er alle verschlossenen Türen und Gänge im Berg öffnen, bis sie in die Mitte des Bergs gelangten. Dort gab es einen Raum voller Gold und Edelsteinen, an denen sich der Schäfer reichlich bediente. Doch obwohl er sich darauf-hin als reicher Mann wähnte, vergaß er beim Hinaustreten aus dem Berg doch das Wichtigste, das er besaß, nämlich die Spring-wurzel. So konnte er fortan nicht mehr in den Berg eintreten.

... die Aussicht vom Köterberg

Wenn auch kein Gold, so hat der Berg auch oberirdisch Einiges zu bieten. Nicht nur kann man ihn er- und umwandern, im Winter gibt es auch eine Ski- und eine Rodelpiste, einen Lift und eine Langlaufloipe.

Wandern um den Berg – Grüntöne allerorten

Lage: Der Köterberg liegt etwa 12 Kilometer nördlich von Höxter.

Adresse: Restaurant & Café Köterberg, Köterberg 17, 32676 Lügde-Köterberg

Info

Aktivitäten:

- Jeden dritten Freitag im Monat ist Musikantentreff; Laienspieler treffen sich zum gemeinsamen Musizieren
- Wanderungen: Panorama-Tour, Länge etwa fünf Kilometer (*teutoburgerwald.de/natur/in-der-natur/tour/wandergebiet-koeterberg-panorama-tour*). Siedlertour: Länge etwa vier Kilometer (*teutoburgerwald.de/natur/in-der-natur/tour/wandergebiet-koeterberg-siedlertour*)

Website: *koeterberg.de*

Die alte Stadtmauer von Lüdge

Kreis Lippe

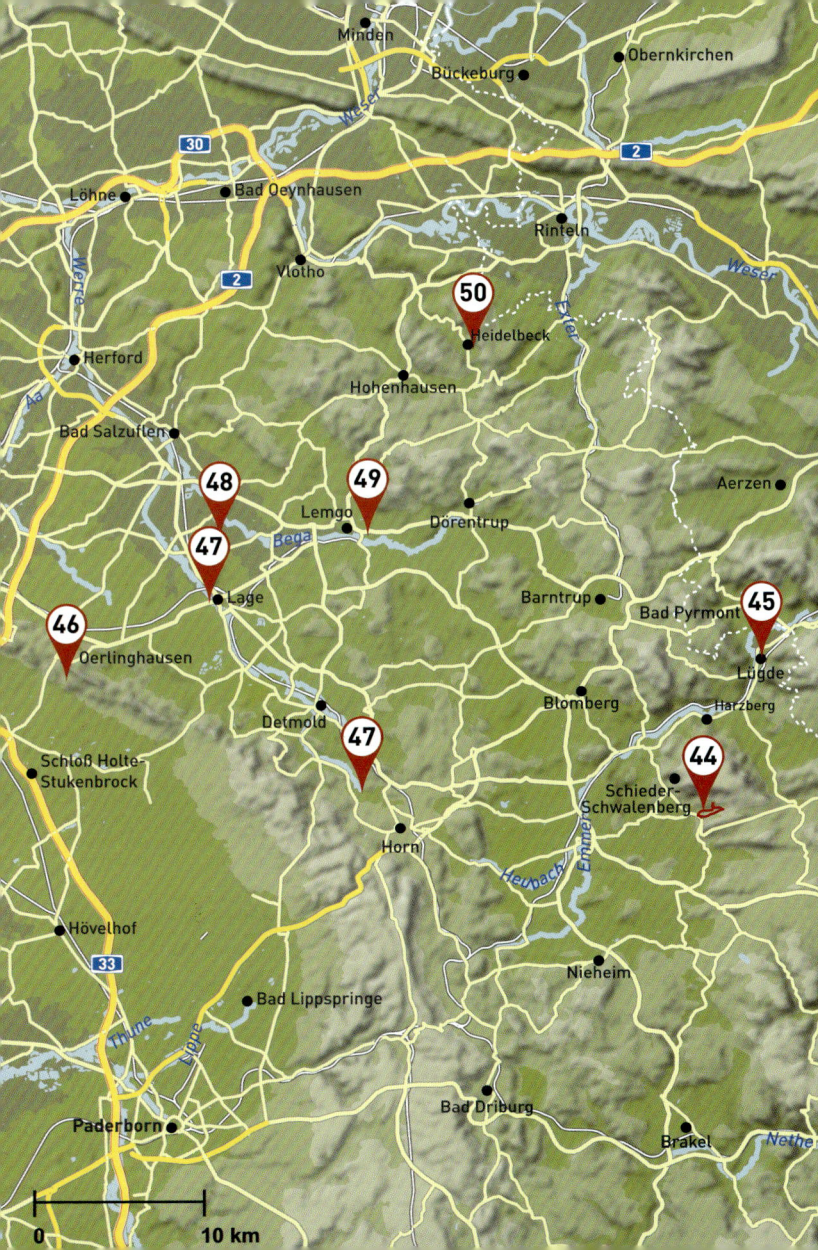

44 *Schwalenberg*

MALERSTADT MIT CHARME

Schwalenberg gilt wegen seines besonderen Lichts gemeinhin als Maler-stadt. Doch auch für Spaziergänger ist eine kleine Runde durch den romantischen Ort mit den schönen Fassaden, am Stadtwasser entlang und zur Magdalenenquelle überaus reizvoll. Mit einem kleinen Abste-cher auf den angren-zenden Burgberg wird das Wander-glück perfekt.

Eine ehemalige Künstlerkolonie in einer alten Ackerbürgerstadt am Rande des Lipper Berglands – das gibt es tatsächlich. Im späten 19. Jahrhundert nämlich galt Schwalenberg aufgrund der Schönheit der Landschaft und der außergewöhnlichen Lichtverhältnisse als Geheimtipp für impressionistische Freilicht-Landschaftsmaler. Künstler aus Düsseldorf oder Berlin kamen nach Schwalenberg und machten die „Malerstadt" durch Ausstellungen ihrer Bilder in den Großstädten populär. Doch nach dieser Blütezeit folgte – unter anderem bedingt durch den Zweiten Weltkrieg – eine Phase der Stagnation. Heute knüpft man mit regelmäßigen Kunstausstellungen und Kunst-Events sowie einer Sommer-Akademie an die damalige künstlerische Tradition an.

Möchte man die Umgegend des Künstlerortes per pedes erkunden, bietet sich ein kleiner Rundweg von rund vier Kilometern an. Der A2 führt entlang des Stadtwassers zur Magdalenenquelle und dann im Bogen zurück. Gestartet wird die kleine Wanderung in der Schwalenberger Altstadt am Volkwinbrunnen; dort weisen Hinweisschilder den Weg.

Das Stadtwasser ist ein offener Graben, über den auf einer Strecke von gut zwei Kilometern der Stadt einst das lebensnotwendige Wasser zugeführt wurde. Eine große Herausforderung, denn der Höhenunterschied von der Quelle bis zum Ortsrand beträgt lediglich gut zehn Meter. Es heißt, die Mönche des Zisterzienserordens hätten daraufhin das Tal umgangen und den Graben entlang des Burgbergs bis nach Schwalenberg gebaut. Folgt man dem Graben, unterliegt man der optischen Täuschung, das Wasser fließe bergan.

Stadtwasser – mehr als ein Wassergraben

In der Altstadt von Schwalenberg mündet das Wasser schließlich auf dem Marktplatz im Volkwinbrunnen, ein Werk

Der Volkwinbrunnen in der Stadt

des lippischen Künstlers Friedrich Eicke zur Erinnerung an den Gründer Schwalenbergs.

Lohnenswert ist auch ein Abstecher auf den Burgberg, der beeindruckt mit schönen Aussichtspunkten wie dem „Grafenblick" oder der „Malereiche". Sie bieten einen wunderbaren Blick über Schwalenberg bis hin zu den Höhenzügen des Teutoburger Waldes und des Eggegebirges. Auch vom Burggelände aus hat man eine fantastische Sicht in die Umgegend.

Die Stadt selbst hält noch weitere Highlights bereit wie zum Beispiel das reich verzierte Rathaus, ein hervorragendes Beispiel für die Fachwerkbaukunst im Stile der Weserrenaissance. Zudem verfügt es über eine prächtige Saalbemalung, welche das Leben und die Brauchtümer der kleinen Ackerbürgerstadt darstellt.

Während man weiter durch die Altstadt schlendert, kann man noch mehrere dieser großartigen Kulissen genießen und die Atmosphäre der Malerstadt aufsaugen.

Weite Blicke ins Umland vom Berg

Reich verzierte Fassaden in der Innenstadt

Info

Lage: Schwalenberg ist Stadtteil von Schieder-Schwalenberg und liegt etwa 25 Kilometer östlich von Detmold.

Adresse: Starten lässt sich die Wanderung von beliebigen Punkten in der Altstadt, zum Beispiel Neue Torstraße, 32816 Schieder-Schwalenberg

Einkehr:
- Restaurant-Café zur Burg Schwalenberg: Burg 2, 32816 Schieder-Schwalenberg, *zurburgschwalenberg.com*
- Schwalenberger Malkasten: Neue Torstraße 1-5, 32816 Schieder-Schwalenberg, *schwalenberger-malkasten.de*

Websites:
- *teutoburgerwald.de/natur/in-der-natur/tour/a2-burgberg-und-stadtwasser-interaktiv-erleben-stadtwasser*
- *schieder-schwalenberg.de*

45 Emmerauenpark Lügde

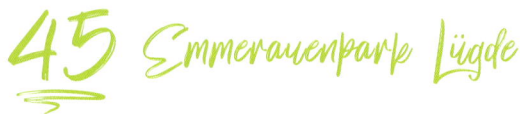

RELAXEN AM FLUSS

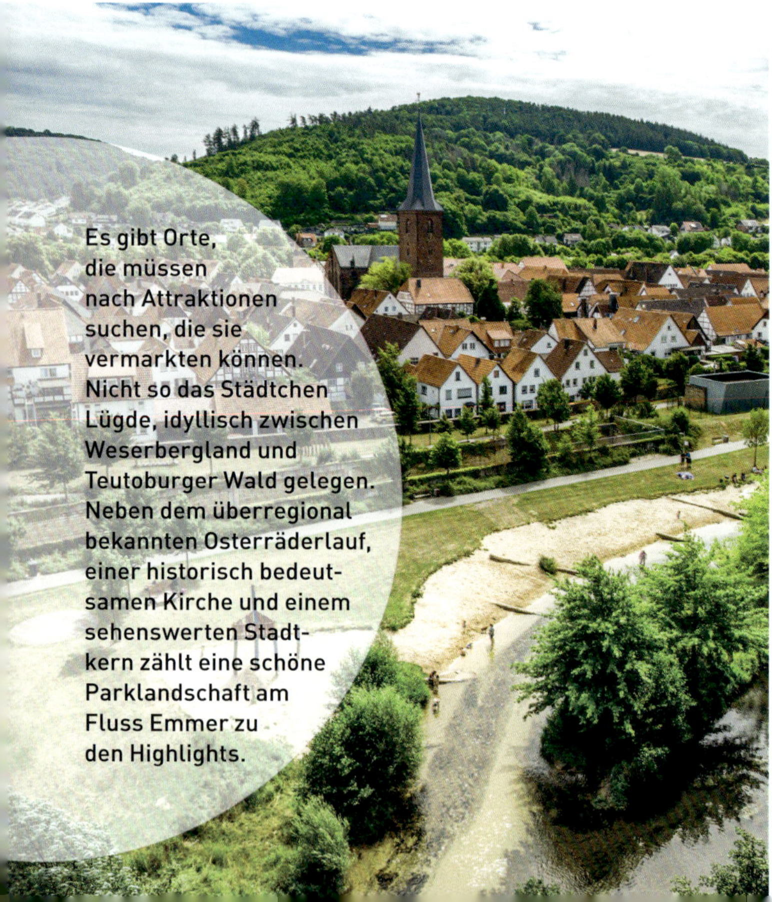

Es gibt Orte, die müssen nach Attraktionen suchen, die sie vermarkten können. Nicht so das Städtchen Lügde, idyllisch zwischen Weserbergland und Teutoburger Wald gelegen. Neben dem überregional bekannten Osterräderlauf, einer historisch bedeutsamen Kirche und einem sehenswerten Stadtkern zählt eine schöne Parklandschaft am Fluss Emmer zu den Highlights.

Erwähnt wurde die kleine lippische Stadt Lügde schon in den fränkischen Annalen aus dem 8. Jahrhundert, denn hier beging Kaiser Karl der Große im Jahr 784 sein erstes Weihnachtsfest im damaligen Herzogtum Sachsen. Wo er genächtigt hatte, wurde später die noch heute existierende romanische Kilianskirche erbaut. Die außerhalb der Stadtmauer gelegene kreuzförmige Basilika ist eines der ältesten Gebäude Westfalens überhaupt und das Wahrzeichen der Stadt.

Doch nicht nur die frühmittelalterliche Kilianskirche ist erhalten geblieben, auch die Wall- und Grabenzone mit zwei Wehrtürmen aus dem 13. Jahrhundert kann man weiterhin bewundern, zum Beispiel bei einem Spaziergang über die Wallanlage, die fast vollständig um die Altstadt von Lügde herumführt. Und auch der historische Stadtkern ist sehenswert. Innerhalb der Stadtmauern sind etliche Fachwerk-Dielenhäuser aus dem Jahr 1797 erhalten geblieben. Die ältesten Häuser der Stadt finden sich in der Hinteren Straße Nr. 10, 12 und 14.

Eintauchen ins Mittelalter – die Kilianskirche

Bekannt ist Lügde jedoch vor allem wegen seiner Osterräder. Denn hier wurde der alte heidnische Brauch wiederbelebt, zu Ostern mit Wasser getränkte und mit Stroh ausgestopfte, mannshohe brennende Eichenräder an einem der umliegenden Berge herunterrollen zu lassen. Jedes Jahr kommen am Ostersonntag mehr als 20.000 Menschen nach Lügde, um dem Osterräderlauf, der mittlerweile zum immateriellen Kulturerbe zählt, beizuwohnen.

Osterräderlauf

Zu den neuesten Bräuchen der Lügder Bürger zählt jedoch, sich am Rande der Altstadt im Emmerauenpark zu vergnügen. Dieser wurde im Jahr 2011 im Zuge der Errichtung der Umgehungsstraße angelegt und erfreut sich seitdem großer Beliebtheit. Direkt am Ufer der Emmer lädt eine idyllische Parklandschaft ein zum Erholen und Genießen, zum Schlendern, Relaxen und Austoben. Die Kids können sich auf einem Abenteuerspielplatz vergnügen, während die Älteren den Bewegungspfad nutzen oder sich im Biergarten im gemütlichen Café „Ankerplatz" niederlassen. Bunte Blumenbeete bieten etwas fürs Auge, Bänke an der Emmer laden ein zu entspannen. Kleine Uferstellen verlocken dazu, ein wenig zu plantschen oder mit dem Kescher nach einem der auf dem Fischlehrpfad beschriebenen Exemplaren zu fahnden.

Ein besonderes Highlight ist der „Emmer Beach" im nördlichen Teil des Parks. Hier gibt es einen Bade- und Strandbereich sowie diverse Spielmöglichkeiten nah am Wasser, unter anderem ein Beachvolleyballfeld.

Hier ist Entspannen angesagt – Emmerauenpark

In den Sommermonaten finden im Emmerauenpark regelmäßig Veranstaltungen statt. Besonders beliebt ist das Unterhaltungsprogramm für Familien und Kinder. Unter dem Titel „Sonntags im Park" treten an mehreren Sonntagen Kinderunterhalter auf der Parkbühne auf.

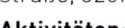

Lage: Lügde liegt etwa 30 Kilometer östlich von Detmold.

Adresse: Emmerauenpark, Brückenstraße, 32676 Lügde

Aktivitäten:

- Heimat- und Dechenmuseum: Hintere Straße 86, 32676 Lügde, *luegde-heimatmuseum.de*
- Kabarett und Kleinkunstveranstaltungen im ehemaligen Franziskanerkloster: Mühlenstraße 1, 32676 Lügde, *luegde-online.de/kik*
- Storchenstation Elbrinxen: Hier nisten von Februar bis August rund 40 Weißstörche und ziehen ihre Jungen groß. Besonders gut beobachten kann man sie auf dem Areal des Storchenvereins, wo diverse Nisthilfen für die großen Zugvögel geschaffen wurden; Storchenstraße, 32676 Elbrinxen, *storchenverein-in-elbrinxen.de*
- Kloster Falkenhagen: fast komplett erhaltene spätmittelalterliche Klosteranlage. Hier findet man das älteste Fachwerkhaus in Lippe aus dem Jahr 1509; Kloster Falkenhagen 7, 32676 Lügde, *teutoburgerwald.de/region/ ausflugsziele/mein-ziel/kloster-falkenhagen*

Einkehr:

- Café Ankerplatz: Emmerauenpark, Brückenstraße, 32676 Lügde

Website: *luegde.de/Freizeit-Tourismus/ Sehensw%C3%BCrdigkeiten/Sehensw%C3%BCrdigkeiten/#/ de/luegde/default/detail/POI/p_100104803/emmerauenparklgde-*

46 Archäologisches Freilichtmuseum Oerlinghausen (AFM)

ALTE GESCHICHTE HAUTNAH ERLEBEN

Vom eiszeitlichen Rentierjägerzelt bis zum frühmittelalterlichen Hallenhaus – das Museum in Oerlinghausen entführt mithilfe von sechs Baugruppen mit nachgebauten Behausungen in unterschiedliche Epochen der Menschheitsgeschichte. Viele interaktive Angebote laden dazu ein, selbst in die jeweilige Zeit einzutauchen und verschiedene Kulturtechniken auszuprobieren.

Bronzezeit

Das Freilichtmuseum in Oerlinghausen – einst Germanengehöft genannt – hat längst seine unrühmliche Vergangenheit hinter sich gelassen. 1936 als erstes germanisches Freilichtmuseum der Welt eröffnet, wurde es lange Zeit von den Nationalsozialisten instrumentalisiert, um ein völkisch geprägtes Germanenbild zu präsentieren. Darauf folgte eine wechselvolle Geschichte der Zerstörung und des Wiederaufbaus, die 1979 schließlich in eine Neukonzeption des Museums mit Schwerpunkt auf Siedlungsarchäologie mündete.

Daraus entstand ein großer Rundgang durch 13.000 Jahre Geschichte, auf dem man anhand experimental-archäologisch nachgebauter Behausungen die Siedlungsgeschichte der Menschheit durchläuft. In einigen Häusern gibt es zudem Ausstellungen zu verschiedenen Themen des täglichen Lebens wie Bekleidung, Ernährung oder Kräuterkunde. Eingebettet sind die Häuser in die Natur- und Kulturlandschaften der jeweiligen Epoche, nebst Tieren. So werden in speziellen

Zelt der Rentierjäger

Sächsisches Grubenhaus

Gehegen Rückzüchtungen mittelalterlicher Weideschweine und Ziegen in typisch steinzeitlichen Ziegenställen gehalten.

Der Rundgang beginnt in der Altsteinzeit mit einem eiszeitlichen Rentierjägerzelt, führt dann über die Mittelsteinzeit, die Jungsteinzeit und die Bronzezeit und endet schließlich im frühen Mittelalter mit einem Hallenhaus. Die vorrömische Eisenzeit wird durch das „Germanengehöft" in der Mitte des Rundgangs repräsentiert. Dieses jungsteinzeitliche Langhaus trug maßgeblich dazu bei, dass das Freilichtmuseum nach Kriegsende in Deutschland wieder positiv wahrgenommen wurde, denn es war zu jener Zeit das erste Langhaus seiner Art: Durch wissenschaftlich fundierte Vorlagen setzte es neue Maßstäbe für Freilichtanlagen.

Bei einem Rundgang durch das Freigelände kann man nicht nur die prähistorische Geschichte erkunden, sondern diverse museumspädagogische Erlebnis- und Aktionsangebote wahrnehmen, um sich mit dem damaligen Alltag auseinanderzusetzen.

Ausprobieren erwünscht – mit Feuersteinen und Zunderschwamm Feuer machen

Ob beim Bogenbau in der Steinzeit oder beim Schmieden wie im Frühmittelalter, ob bei der Herstellung von Schmuck, beim Brotbacken oder Speerschleudern – bei den interaktiven Angeboten ist für jeden etwas dabei.

Bekannt ist das Museum in Oerlinghausen außerdem für sein umfangreiches Seminarprogramm zu Themen wie „Färben mit Pflanzenfarben" oder das Arbeiten mit historischen Werkstoffen. Daneben gibt es regelmäßig Themenveranstaltungen wie die Steinzeit-, Römer- oder Wikingertage. Living-History-Darsteller mit ihrem Reenactment sorgen nicht nur dafür, dass die Ur- und Frühgeschichte anschaulich inszeniert wird, sondern sie laden auch zum Dialog ein.

Weideschwein à la Mittelalter

Lage: Oerlinghausen liegt etwa 18 Kilometer westlich von Detmold.

Adresse: Archäologisches Freilichtmuseum Oerlinghausen, Am Barkhauser Berge 2-6, 33813 Oerlinghausen

Einkehr:
- Jannis Restaurant: Triftweg 1, 33813 Oerlinghausen, *jannis-restaurant.de*
- Kastanienkrug: Holter Straße 23, 33813 Oerlinghausen, *kastanienkrug-oe.de*

Website: *afm-oerlinghausen.de*

HINWEISE:
- An der Kasse kann man einen Museumsguide ausleihen, es gibt aber auch einen Audioguide zu den einzelnen Stationen im Museum.
- Leihbar ist auch eine Museumstasche, mit dessen Inhalt man eigenständig die Methoden der Feuererzeugung, den Steinmesserbau, das Getreide mahlen sowie ein römisches Würfelspiel mit Schafsfußknochen ausprobieren kann.
- Über die App Biparcours kann man ein digitales Quiz abrufen.

47 Lavendelfelder von TAOASIS

DIE „PETITE PROVENCE" IN LIPPE

TAOASIS –
das hört sich
nach fernöst-
licher Spiritualität
an, nach einem ver-
schollenen Ort oder
einem Weisheitsprinzip.
Es ist jedoch der Name
eines Unternehmens, das
sich der Herstellung von
Duft- und Aromastoffen im
Einklang mit der Natur verschrieben hat. Markenzei-
chen ist der großflächige
Anbau von Lavendel, was
zur Blütezeit ein unver-
gleichliches mediter-
ranes Flair in die
ostwestfälische
Provinz zau-
bert.

Dass man diese eher in Frankreich und Italien beheimatete Pflanzenart auch an lippischen Hängen finden kann, ist dem Firmengründer von TAOASIS, Axel Meyer, zu verdanken. Um die jahrhundertealte Tradition der Aromatherapie wiederzubeleben, schrieb er Anfang der 1990er-Jahre ein Lexikon der Düfte. Was die Nachfrage nach eben jenen im Lexikon beschriebenen Düften erheblich ankurbelte, woraufhin Meyer kurzerhand auch die ersten ätherischen Öle zum Verkauf anbot. Im Jahr 1991 gründete er dann die TAOASIS Natur Duft Manufaktur und fing an, selbst Duftpflanzen anzubauen.

Der Lavendelanbau in Lippe war das erste große Projekt, das 2012 am ehemaligen Firmenstandort in Detmold gestartet wurde; heute liegt das derzeit größte Lavendelfeld von fünf Hektar auf der TaoFarm in Lage. Über den Demeter-zertifizierten landwirtschaftlichen Betrieb werden aber auch zahlreiche andere aroma-

Auch ein Lavendelmobil gehört zur Firmenausstattung

tische Kräuter wie Rosmarin, Oregano, Schafgarbe, Zitronenmelisse, Muskatellersalbei, Koriander, Ysop und Immortelle angebaut. Aus den Pflanzen gewinnt man nach der Ernte das kostbare Aroma-Öl, welches anschließend zu den unterschiedlichsten Produkten verarbeitet wird.

Besichtigen lassen sich die vielfältigen Duftpflanzen am Firmensitz im lippischen Lage. Hier kann man bei einem besinnlich-betörenden Spaziergang über das Freigelände unter anderem Testfelder erkunden, auf denen die optimalen Bedingungen für den Anbau der Duftpflanzen erprobt werden. Teil des Areals ist auch ein schön angelegter botanischer Duftgarten mit diversen Pflanzenarten und -düften.

Ein Barfuß-Duftpfad wartet auf Erkundung

Kreiert wurde zudem eine Ruhe- und Erlebnislandschaft, in der man einen Duft-Barfußpfad ausprobieren kann, in einem Weidentunnel wandeln, im Ruhegarten neue Energie tanken oder am Ufer eines kleinen Sees mit fernöstlicher Aura Platz nehmen.

Im Sommer ist natürlich der Lavendel Star der Anlage, wenn er in der Blütezeit von Juni bis August nicht nur einen unauslöschlichen visuellen Eindruck hinterlässt, sondern auch einen unnachahmlichen Duft verströmt.

Nach einem ausgiebigen Spaziergang über das Freilandgelände lässt sich im firmeneigenen Café wunderbar entspannen oder im benachbarten Store nach Produkten von der TaoFarm stöbern. Nicht nur Öle für die Aromatherapie werden hier vertrieben, sondern auch Kosmetika, Raumbedufter oder Insektenschutzprodukte.

Eine Oase der Ruhe – der Teich

Intensives Farbspiel mit Buddha

Legt man keinen Wert auf Shop, Café und Duftgarten und geht es nur darum, einmal Lavendelfelder in hiesigen Breiten zu besichtigen, so kann man dies kostenfrei in den TAOASIS-Feldern in Fromhausen in der Nähe der Externsteine tun. Dort wurden im Jahr 2015 50.000 Lavendelpflanzen aus zertifiziertem Bio-Anbau gesetzt. Die Pflanzen gediehen prächtig und wurden in einem WDR-Bericht im Jahr 2017 „Petite Provence" getauft – ein Begriff, der sich durchsetzte und die Lavendelfelder fortan zum Kultort für Duftliebhaber machte.

Info

Lage: Lage liegt etwa acht Kilometer nördlich von Detmold.

Adresse: TAOASIS GmbH, Am Duftgarten 1, 32791 Lage bzw. Lavendelfelder Fromhausen, Osterbergweg, 32805 Horn-Bad Meinberg

Website: *taoasis.com/besuchen/lavendelfelder*

HINWEIS: unbedingt Bus nutzen oder entfernt parken, da Parkverbot in Fromhausen!

48 Ziegeleimuseum Lage

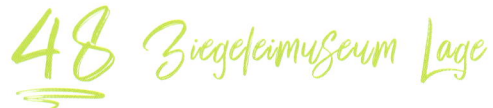

MEHR ALS NUR STEINE

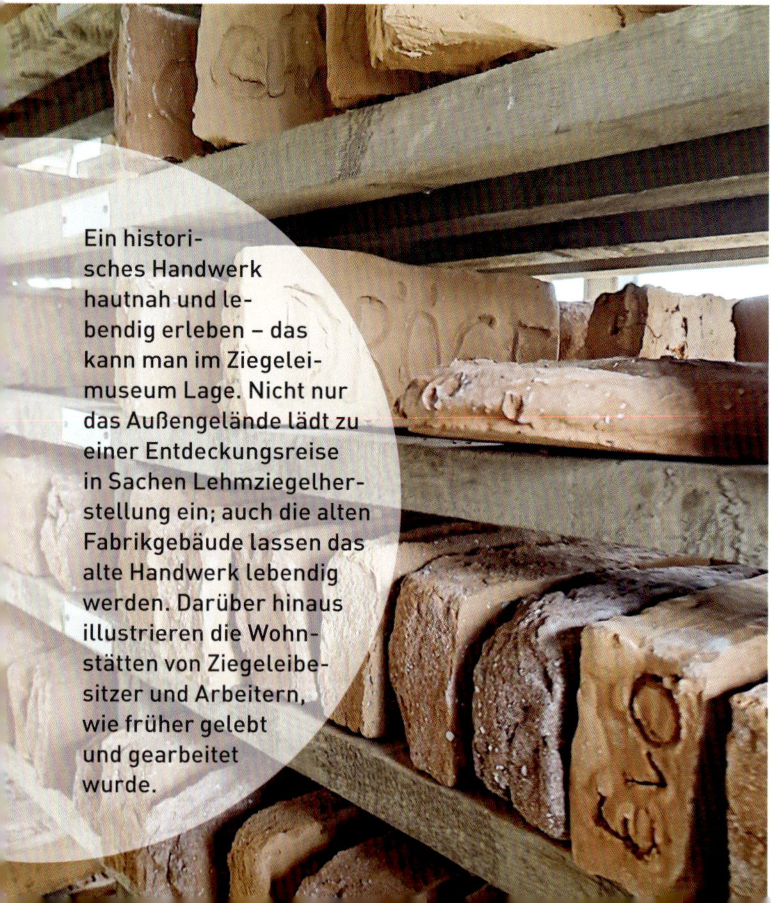

Ein historisches Handwerk hautnah und lebendig erleben – das kann man im Ziegeleimuseum Lage. Nicht nur das Außengelände lädt zu einer Entdeckungsreise in Sachen Lehmziegelherstellung ein; auch die alten Fabrikgebäude lassen das alte Handwerk lebendig werden. Darüber hinaus illustrieren die Wohnstätten von Ziegeleibesitzer und Arbeitern, wie früher gelebt und gearbeitet wurde.

Ein weiträumiges Areal – das Ziegeleigelände

Will man das Gelände der alten Ziegelei Beermann systematisch erkunden, kann man zwei ausgeschilderten Rundgängen folgen: zum einen dem der Handstrichziegel, wo sich nachspüren lässt, wie die Ziegler früher Ziegel und Dachpfannen in Handarbeit fertigten. Auf dem anderen Rundgang wird die Herstellung der maschinellen Ziegel veranschaulicht, illustriert durch historische Bilder. Für Kinder erklären Ziegelmeister Lehmann und Ziegel Toni den Prozess auf lustigen Bild- und Texttafeln.

Auf dem ersten Rundgang wird man vertraut mit den Vorgängen der Handziegelei, lernt, wie der Lehm früher abgestochen, mit Wasser und Sand vermischt, dann in eine Form geschlagen, schließlich getrocknet und anschließend im Ofen gebrannt wurden.

Beim Rundgang der Maschinenziegel kann man die alten Produktionsgebäude besichtigen und den unterschiedlichen Herstellungsprozess im Gegensatz zum handgefertigten Ziegel nachvollziehen: Waren in der Handziegelei noch Pferd und Lehmkarre für den Transport nötig, kommen später von Lokomotiven gezogene Muldenkipper und elektrische Seilwinden zum Einsatz.

Hier kann man selbst Hand anlegen – der Koller zum Zerdrücken des Lehms

Anschaulich wird vorgeführt, wie maschinell der Lehm zerkleinert, ihm Wasser beigemischt, er weiter zerdrückt und gepresst wurde.

Auch der Ringofen, in dem die Ziegelrohlinge schließlich zwei Tage lang bei 1000 Grad Celsius gebrannt wurden, lässt sich besichtigen und die aufgeschichteten Rohlinge aus nächster Nähe sehen. Durch Gucklöcher kann man außerdem in die Brennkammern schauen, wo die Ziegel in verschiedenen Hitzezonen einem ausgeklügelten System folgend nach und nach gebrannt wurden.

Früher betrug die Zahl der in den Frühjahrs- und Sommermonaten hergestellten Ziegel rund 17.000 und auch heute noch werden Backsteine produziert. Einmal im Jahr findet der Ringofenbrand von Mittwoch bis Sonntag statt. Dann werden im Schichtbetrieb die Ziegel gebrannt, werden Schüre mit Holz und Kohle befeuert

Zum Reinschauen und Verstehen – das Ringofenmodell

und vom Ringofengang aus die Temperatur im Ofen kontrolliert.

Etwas ruhiger geht es im Ausstellungsbereich des Ziegeleigeländes zu: Im ehemaligen Wohnhaus des Firmengründers Beermann wird die Familien- und Firmengeschichte der Ziegelei gezeigt. Man erfährt, wie die Familie in der kleinen Ortschaft Sylbach lebte und arbeitete, welchen Belastungen die Belegschaft bei ihrer täglichen Arbeit ausgesetzt war, und warum die Ziegelei nach 70 erfolgreichen Jahren ihren Betrieb einstellen musste.

Die Behausung der Wanderziegler

In einem anderen Gebäude kann man sich mit der Situation der lippischen Wanderziegler vertraut machen, die während der Saison aus Lippe fortzogen und vor allem auf den Ziegeleien in Norddeutschland, im Ruhrgebiet und im Rheinland arbeiteten.

Lage: Lage liegt etwa acht Kilometer nördlich von Detmold. Das Museum liegt etwa fünf Kilometer nördlich von Lage.

Adresse: LWL-Museum Ziegelei Lage, Sprikernheide 77, 32791 Lage

Einkehr:
- Café Tichlerstoben: im Museumsgebäude, *ziegelei-lage. lwl.org/de/besuch/allgemeine-informationen/*

Website: *ziegelei-lage.lwl.org/de*

HINWEISE:
- Bei einem Besuch lassen sich in der Handziegelei selbst Lehmziegel produzieren und individuell gestalten, die dann nach Trocknung mit nach Hause genommen werden können.
- An besonderen Tagen kann man auf der Feldbahn des Museums die Größe des alten Abbaugebietes erfahren und gleichzeitig den Blick über die lippische Landschaft genießen.
- Per QR-Code lässt sich ein Augmented-Reality-Parcours abrufen.

49 Junkerhaus Lemgo

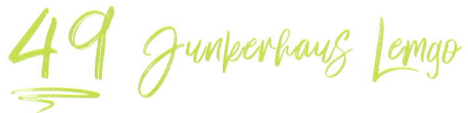

IN HAUS GEWORDENES KUNSTWERK

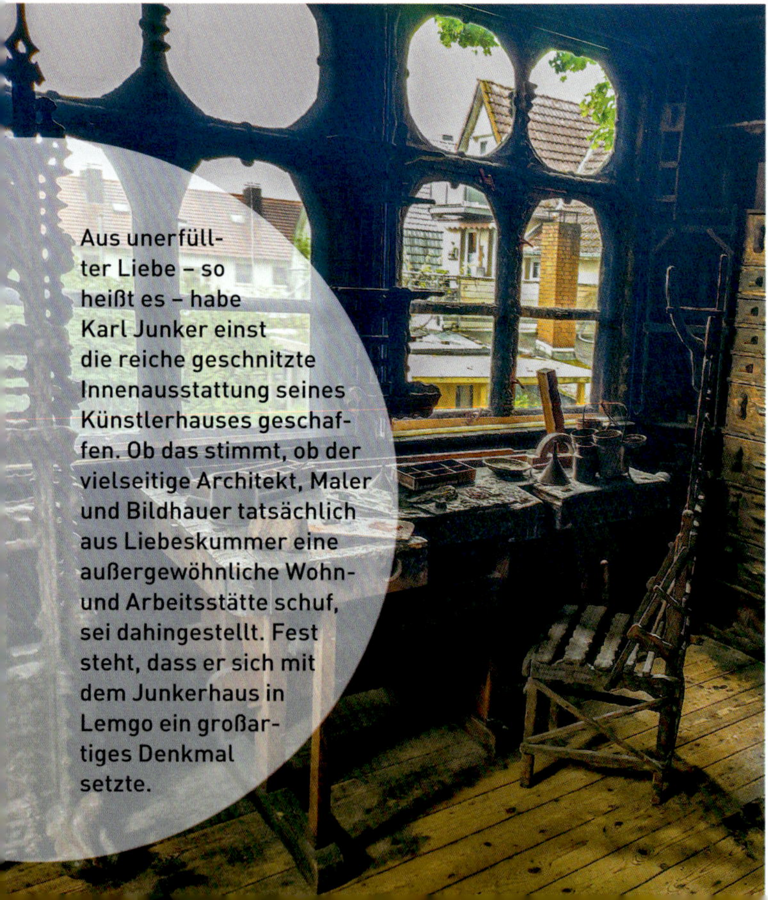

Aus unerfüllter Liebe – so heißt es – habe Karl Junker einst die reiche geschnitzte Innenausstattung seines Künstlerhauses geschaffen. Ob das stimmt, ob der vielseitige Architekt, Maler und Bildhauer tatsächlich aus Liebeskummer eine außergewöhnliche Wohn- und Arbeitsstätte schuf, sei dahingestellt. Fest steht, dass er sich mit dem Junkerhaus in Lemgo ein großartiges Denkmal setzte.

Ein Kunstwerk – das Junkerhaus von außen

Dabei war dem kleinen Karl die künstlerische Karriere nicht in die Wiege gelegt, wurde er doch schon mit sieben Jahren Vollwaise. Aber dank seines Großvaters konnte Karl das Abitur machen und später eine Tischlerlehre. In seiner Gesellenzeit, als er auf die Walz ging, ereignete sich nun jenes Drama, das den Mythos des unglücklich liebenden Junker begründete: In Hamburg verliebte er sich in die Tochter seines Meisters, was jedoch – aus ungeklärten Gründen – nicht in eine Beziehung oder gar Übernahme der väterlichen Werkstatt mündete.

Stattdessen widmete sich Junker kunstmalerischen Studien in München und holte sich Inspirationen auf einer „Grand Tour" in Italien. Das bisher Erlernte, Erarbeitete und Erlebte fand schließlich Niederschlag in einem zweigeschossigen Fachwerkbau mit Backsteinsockel und quadratischem Grundriss – ein Haus, das Junker 1889 in seiner Heimatstadt Lemgo errichten ließ. Noch im Rohbau zog er in das heutige Junkerhaus ein und gestaltete es bis zu seinem Tod im Jahr 1912 nach seinen Vorstellungen.

Ein Gemälde Junkers

Schon von außen fällt das auf einer kleinen Anhöhe liegende Gebäude durch die vielen Fenster sowie die reich geschnitzte Bauornamentik auf; im Inneren sind fast alle Wände und Decken mit Holz verkleidet und mit vielfältigen Schnitzereien verziert, teilweise zudem mit Wand- und Deckengemälden.

Für Junker war dieses Haus mehr als Wohnhaus und Werkstatt: Es diente vielmehr als Künstlerhaus, in dem er seine Kunstvorstellungen verewigte und das gleichzeitig als Ausstellungsstück und Gesamtkunstwerk fungierte.

Zum Museum Junkerhaus gehören neben dem Fachwerkhaus auch ein neues Museumsgebäude mit Foyer, technischen Räumen und einer Ausstellungshalle. Hier lassen sich weitere Werke aus dem Nachlass von Junker betrachten, denn neben dem

Die Küche mit Kohleofen

Künstlerhaus hinterlässt er auch viele Bilder und Entwürfe, Skizzen und Reliefs, Möbel und Architektur-modelle.

Zu seinen Lebzeiten fand das künstlerische Werk Karl Junkers kaum Beachtung. Nach seinem Tod wurde seine Kunst zuerst als die eines psychiatrisch Kranken, eines Außenseiters oder Sonderlings gedeutet. Später versuchte man das Werk des Künstlers zu rehabi-litieren. Seit Mitte der 1990er-Jahre wird es als „Outsider Art" gedeutet und findet in diesem Kontext inter-nationale Beachtung.

Das stille Örtchen

Lage: Lemgo liegt etwa zehn Kilometer nördlich von Detmold.

Adresse: Museum Junkerhaus Lemgo, Hamelner Straße 36, 32657 Lemgo

Aktivitäten:
- Sehenswert ist die nahe gelegene Innenstadt von Lemgo, eine alte Hansestadt mit baumbestandenen Wallanlagen und vielen alten Häusern: *lemgo.de*
- Museum Hexenbürgermeisterhaus: Das Stadtmuseum von Lemgo widmet sich explizit dem Thema Hexenver-folgung; Breite Straße 17-19, 32657 Lemgo, *museen-lemgo.de/hexenbuergermeisterhaus/*

Einkehr:
- Hexen-Pizza-Lemgo: Hamelner Straße 66, 32657 Lemgo, *hexen-pizza.de*

Website: *museen-lemgo.de/junkerhaus*

50 Waldbaden im Kalletal

NATURMEDIZIN AT ITS BEST

Shinrin-Yokun, die alte japanische Tradition des Waldbadens, ist auch im Lipperland angekommen. Glaubt man der Werbung für den Waldbaden-Pfad im Kalletal, so hat man es hier mit einem Naturerlebnis der Extraklasse zu tun: ein grüner Ganzkörper-Smoothie für Körper, Geist und Seele, gut gegen Stress und gut für Stimmung und Schlaf – ein echter Immunsystem-booster.

Wie Medizin zum Einatmen soll Waldluft wirken: Die positiven Effekte dieser Naturmedizin kann man erleben, wenn man sich auf einen entschleunigten, achtsamen Spaziergang unter Bäumen macht. Genau darum geht es beim Waldbaden: um herunterzukommen und sich bewusst auf den Weg einzulassen, sich zu entspannen und vollkommen abzutauchen in die Waldatmosphäre. An zehn Stationen mit kleinen Übungen versucht der Waldbaden-Pfad im Kalletal dies zu fördern.

Schöne Aussicht inklusive

Bewusstes Schauen und Wahrnehmen der Naturkulisse gehören ebenso zum Mitmach-Programm wie gezielte Atemübungen mit Schließen der Augen und Bewegung der Arme. Ganz tief atmen und die reine Waldluft genießen.

Auch andere Sinne werden beim Waldbaden angesprochen. Dadurch, dass man den Boden in die Hand nimmt, riecht und spürt man das Aroma des Waldes ganz besonders intensiv. Sinnlich ist es auch, sich an einen Baum anzulehnen, ihn zu umarmen oder ertasten. Zu versuchen, die Kraft des Baumes zu spüren und die Energie aufzunehmen.

Auf den Augen liegt beim Waldbaden auf dem Pfad im Kalletal ein besonderes Augenmerk. Diese leiden im Allgemeinen durch starres Fixieren, einen Mangel an Tageslicht oder den Aufenthalt in geschlossenen Räumen. Um dem entgegenzuwirken, werden hier spezielle Augenübungen vorgeschlagen, bei denen man – mit einem schönen Baum im Fokus – die Augäpfel von oben nach unten bewegt und rollt.

Ein lauschiges Plätzchen zum Innehalten

Auch das achtsame Gehen kann man beim Waldbaden praktizieren. Ganz im gegenwärtigen Moment sein und sich auf die Schritte und den Atem konzentrieren. Eventuell barfuß laufen, um die Erfahrung noch zu intensivieren und die Ausschüttung von Glückshormonen zu begünstigen.

Selbst kreative Übungen gehören zum Waldbaden dazu: ein Wald-Mandala legen aus Stöckchen, kleinen Zweigen, Blättern und weiteren Materialien des Waldes. Sich in einen alten Baum hineindenken und überlegen, was der alles schon erlebt haben könnte.

Und auch eine alte japanische Tradition darf nicht fehlen: An der letzten Sta-

Landart – ein Mandala aus Stöcken

tion des Waldbaden-Pfades kann man auf einem kleinen Holzplättchen einen Wunsch niederschreiben und diesen dann an einen Baum hängen.

Wünschen und Loslassen – auch dazu ist Waldbaden gut

Nachwirkungen erwünscht: Selbst wenn man sich nicht im Wald befindet, lassen sich einige Übungen für den Alltag umsetzen, zum Beispiel das weite Schweifen der Augen, was man auch zu Hause praktizieren kann oder das bewusste Aufrufen von beruhigenden Waldbildern in stressigen Situationen.

Lage: Kalletal-Heidelbeck liegt etwa 27 Kilometer nordöstlich von Detmold.

Info

Adresse: Waldbaden-Pfad Kalletal, Friedhofsweg, 32689 Kalletal-Heidelbeck

Einkehr:
- Landhaus Lindenkrug, Lemgoer Straße 64, 32689 Kalletal, *hotellandhauslindenkrug.de*

Websites:
- *kalletal.de/Tourismus/Waldbaden-Pfad.htm* (hier auch Download der App und Audioguide)
- *kalletal.de/waldbaden*

HINWEIS: Auch für Kinder eignet sich das Waldbaden. Es gibt bestimmte Übungen für Kinder, bei denen es gilt, die Schätze des Waldes zu entdecken und ihn mit allen Sinnen zu erleben. Hierzu gehören ein Wald-Memory, ein Quiz oder ein Waldbild legen.

Das kleine

Wörterbuch

Kaiser-Wilhelm-Denkmal Porta Westfalica

Das kleine Wörterbuch

Ärgerpohl – Nervensäge
Angeschickert – beschwipst
Anne Ecke liegen – krank sein

Bangebüxe – Angsthase
Sich beömmeln – sich amüsieren, sich kaputtlachen
Blag – nervender Nachwuchs
Bollerbuxe – zu weit geschnittene Hose
Bregenklöterig – benommen, schwindelig

Dölmern – vor sich hin spielen von Kindern
Dönekes – Anekdoten
Drämelpott – jemand, der langsam ist
Dune sein – betrunken sein
Düppe – Henkelmann

Fickerig – aufgeregt
Flötepiepen! – Denkste!
Friemelig – feinmotorisch anspruchsvoll
Frostköttel – kälteempfindlicher Mensch

G

Gaffelzange – weiblicher Hausdrache
Gedöns – Unnötiges, Unwichtiges

H

Hibbelkopp – Hektiker

J

Juckeln – langsam durch die Gegend fahren
JWD – jenseits der Zivilisation

K

Kabitt geben – Druck machen
Käsemauken – Schweißfüße
Kniepekopp – Pfennigfuchser
Knötterpott – schlecht gelaunter Zeitgenosse

Knülle – derbe alkoholisiert
Koppsabölter – Purzelbaum
Köttelkram – vernachlässigbare Kleinigkeiten

Miegewippe – schon lauwarm gewordener Getränkerest im Glas
Modder – Schlamm, Matsch

Nölen – rummeckern
Nuckelpinne – kleines Auto

Össelkopp – jemand, der keine Ordnung halten kann

Patt, sich auf den Patt machen – losgehen, aufbrechen
Pättken – Trampelpfad
Pillepoppen – Kaulquappen
Pinneken – Schnapsglas
Pieselotten – Klamotten
Pölter – Schlafanzug
Pömpel – Pfahl, Pfosten, Poller

Rammdösig – verrückt

Schlafbuxe – Pyjamahose
Schmachtlappen – hageres Persönchen
Schlür, auf Schlür sein – um die Häuser ziehen
Schnottenpatt – Schleimspur zwischen Nasenloch und Oberlippe

Umhängen, sich einen umhängen – sich betrinken

Vermackeln – beschädigen

Wech, Wo kommst du wech? – Woher kommst du?

Zuckerplürre – Limonade